100 SUPER RECETTES

SUSHIS

Recettes et photographies de Marie-Laure Tombini

MANGO
éditions

SOMMAIRE

LES BASES

LES SUSHIS

MAKIS ET CALIFORNIA MAKIS

SPRING ROLLS CHIRASHIS TEMAKIS

YAKITORIS

CALENDRIER DES FRUITS ET LÉGUMES

JANVIER

Ail
Betterave
Carotte de garde
Céleri-rave
Chicorée
Chou blanc
Chou de Bruxelles
Chou rouge
Courge
Cresson
Crosne
Endive
Épinard
Frisée
Mâche
Navet
Oignon de garde
Panais
Poireau
Pomme de terre
Roquette
Salsifis
Topinambour
Citron
Clémentine
Kiwi
Mandarine
Orange
Pamplemousse
Poire
Pomme

FÉVRIER

Ail
Betterave
Carotte de garde
Céleri-rave
Chicorée
Chou blanc
Chou de Bruxelles
Chou rouge
Courge
Cresson
Crosne
Endive
Épinard
Frisée
Mâche
Navet
Oignon de garde
Panais
Poireau
Pomme de terre
Roquette
Salsifis
Topinambour
Citron
Clémentine
Kiwi
Mandarine
Orange
Pamplemousse
Poire
Pomme
Ail
Asperge blanche

MARS

Asperge verte
Betterave
Blette
Carotte de garde
Céleri-branche
Céleri-rave
Chou blanc
Chou de Bruxelles
Chou frisé
Chou rouge
Cresson
Endive
Épinard
Frisée
Navet
Oignon de garde
Panais
Poireau
Pomme de terre
Radis
Roquette

Salsifis
Topinambour
Citron
Kiwi
Mandarine
Poire
Pomme
Ail

AVRIL

Artichaut
Asperge
Betterave
Blette
Carotte primeur
Chou-fleur
Cive
Concombre
Endive
Épinards
Frisée
Laitue
Navet
Oignon primeur
Petit pois
Poireau
Pomme de terre
Radis
Roquette
Citron
Pamplemousse
Pomme

MAI

Ail
Artichaut
Asperge blanche
Asperge verte
Betterave rouge
Blette
Carotte primeur
Céleri
Chou-fleur
Cive
Concombre
Épinard
Laitue
Navet
Oignon primeur
Petit pois
Poireau primeur
Pomme de terre primeur
Radis
Roquette
Cerise
Fraise
Pamplemousse
Rhubarbe

JUIN

Ail
Artichaut
Asperge blanche
Asperge verte
Aubergine
Betterave rouge
Blette
Brocoli
Carotte primeur
Céleri
Cive
Concombre
Courgette
Épinard
Fenouil
Haricot mange-tout
Haricot vert
Laitue
Navet
Oignon primeur
Petit pois
Poireau primeur
Poivron
Pomme de terre primeur
Radis
Tomate
Abricot
Cassis
Cerise
Citron
Fraise
Framboise
Groseille

Melon
Pamplemousse
Pastèque
Pêche
Pomme
Prune
Rhubarbe

JUILLET

Ail
Artichaut
Asperge
Aubergine
Betterave
Brocoli
Carotte
Céleri
Cive
Concombre
Courgette
Épinard
Fenouil
Haricot
Laitue
Maïs
Oignon primeur
Petit pois
Poireau primeur
Poivron
Pomme de terre
primeur
Radis
Tomate
Abricot
Cassis
Cerise
Figue
Fraise
Framboise
Groseille
Melon
Myrtille
Nectarine
Pastèque
Pêche
Poire
Prune
Rhubarbe

AOÛT

Ail
Artichaut
Aubergine
Betterave
Blette
Brocoli
Carotte de saison
Céleri
Cive
Concombre
Courgette
Épinard
Fenouil
Haricot
Laitue
Maïs
Oignon primeur
Poireau primeur
Poivron
Pomme de terre
primeur
Radis
Tomate
Abricot
Cassis
Figue
Fraise
Framboise
Groseille
Melon
Mirabelle
Mûre
Myrtille
Nectarine
Noisette
Pastèque
Pêche
Poire
Pomme
Prune
Raisin

SEPTEMBRE

Ail
Artichaut
Aubergine
Betterave
Blette
Brocoli
Carotte de saison
Céleri
Cive
Chou blanc
Chou de Bruxelles
Chou-fleur
Concombre
Courgette
Cresson
Épinard
Fenouil
Haricot
Laitue
Maïs
Oignon de garde
Panais
Poireau
Poivron
Potiron
Pomme de terre
Radis
Tomate

Coing
Figue
Melon
Mirabelle
Mûre
Myrtille
Noisette
Noix
Pastèque
Pêche
Poire
Pomme
Prune
Raisin

OCTOBRE

Ail
Betterave
Brocoli
Carotte de garde
Céleri
Chicorée
Chou blanc
Chou de Bruxelles
Chou-fleur
Concombre
Courge
Cresson
Endive
Épinard
Fenouil
Frisée
Laitue
Mâche
Maïs
Navet
Oignon
Poireau
Pomme de terre
Potiron
Roquette
Châtaigne
Citron
Coing
Figue
Framboise
Myrtille
Noisette
Noix
Poire
Pomme
Raisin

NOVEMBRE

Ail
Betterave
Carotte de garde
Céleri
Chicorée
Chou blanc
Chou de Bruxelles
Chou-fleur
Citrouille
Courge
Cresson
Crosne
Endive
Épinard
Fenouil
Frisée
Laitue
Mâche
Navet
Oignon de garde
Panais
Poireau
Pomme de terre
Potiron
Radis
Roquette
Salsifis
Topinambour
Châtaigne
Citron
Clémentine
Coing
Kiwi
Mandarine
Orange
Poire
Pomme

DÉCEMBRE

Ail
Betterave
Carotte de garde
Céleri
Chicorée
Chou de Bruxelles
Courge
Cresson
Endive
Épinard
Mâche
Navet
Oignon de garde
Poireau
Pomme de terre
Potiron
Roquette
Salsifis
Topinambour
Châtaigne
Citron
Clémentine
Kiwi
Mandarine
Orange
Poire
Pomme

CONSEILS ZÉRO DÉCHET

LE ZÉRO DÉCHET

• Si possible, privilégiez l'achat de produits en vrac en magasin spécialisé ou en grande surface. Cela permet d'éviter le surplus d'emballage et d'acheter la quantité nécessaire afin de ne pas gaspiller.

• Lors des courses, pensez à rapporter vos propres contenants, boîtes et sacs à vrac afin d'éviter au plus les emballages en plastique. Si vous ne pouvez pas acheter en vrac, privilégiez les emballages en carton ou bien ceux en verre, recyclables à l'infini ! Attention, certains emballages en carton cachent parfois du plastique, pensez à vérifier.

• Pour lutter contre le gaspillage alimentaire, vous pouvez établir votre planning des repas de la semaine avant de faire votre liste des courses. Cela évitera d'acheter des produits qui ne pourront pas être consommés à temps.

• Les produits avec la mention « date limite d'utilisation optimale » (DLUO) ou bien « à consommer de préférence avant le ... » peuvent être mangés bien après la date indiquée sans risque pour le consommateur. Il faut les différencier des produits avec une « date limite de consommation » (DLC) qui, elle, doit être respectée. Cependant, certains produits à DLC, tels que les yaourts par exemple, peuvent aussi être consommés quelques jours après leur date de péremption.

• Vous pouvez utiliser les fanes et les épluchures dans de nouvelles recettes anti-gaspi (chips, bouillon, bisque, sauce, etc.) ou pour alimenter votre compost de cuisine. Les parts non comestibles de certains aliments peuvent aussi être utiles à la fabrication de produits ménagers ou encore de cosmétiques faits maison !

• Si vous emportez vos plats en vue d'un pique-nique ou d'un dîner à l'extérieur, pensez à remplacer la vaisselle jetable par une réutilisable (assiettes, serviettes en tissus et gobelets ecocup).

• Faire ses conserves et bocaux est un autre bon moyen de ne plus jeter. Il existe de nombreux tutoriels expliquant comment les réaliser soi-même. Ils permettent de conserver un surplus d'ingrédients pendant plus d'un an.

ET ÉCORESPONSABLES

LES INGRÉDIENTS

• Lors de vos courses, privilégiez au mieux les producteurs locaux ou français. Cela permet d'éviter la pollution liée au transport des marchandises et de soutenir l'agriculture française. Les circuits courts se développent de plus en plus et il est aujourd'hui possible d'acheter directement aux producteurs, à la ferme ou via des AMAP (http://www.reseau-amap.org/).

• Si vous le pouvez, préférez les produits bio. Sinon, privilégiez au mieux le bio sur les fruits et légumes dont vous consommez la peau tels que les tomates, les fraises ou encore les pommes.

• Il existe différents labels biologiques : Label Agriculture Biologique, Label Biologique Européen, Demeter ou encore Bio Cohérence. Chaque label possède ses spécificités et ses avantages. Vous pouvez vous renseigner sur internet afin d'apprendre à les reconnaître.

• Limitez au possible votre consommation d'ingrédients exotiques. Si vous achetez un aliment ou une épice qui vient de loin, réfléchissez à comment vous pourriez l'intégrer dans vos recettes au quotidien afin de ne pas gaspiller un produit précieux en l'oubliant au fond du placard.

• Consommez des fruits et légumes de saison. Il existe également une saisonnalité pour la viande et le poisson. N'hésitez pas à vous renseigner sur internet ou auprès de votre boucher et de votre poissonnier. Pour le poisson, il est aussi préférable d'éviter les espèces les plus menacées par la pêche intensive.

• Pour les œufs, il existe différentes catégories : vous pouvez repérer les codes allant de 0 à 3 sur les boîtes d'œufs.
Le code 0 indique que les œufs sont issus d'un élevage de poule en plein air en mode biologique.
Il s'agit du mode d'élevage à privilégier au mieux car c'est le plus respectueux pour les animaux et le seul pour lequel l'alimentation des poules est contrôlée.
Au contraire, le code 3 est à éviter au maximum puisqu'il indique un élevage intensif et en batteries dans de très mauvaises conditions.

LE MATÉRIEL DE BASE

• Pour vos ustensiles de cuisine, il est préférable de choisir des revêtements en fonte naturelle, plus résistants et non toxiques. Il est également conseillé de privilégier les ustensiles en acier inoxydable et durable. Dans ce cas, n'oubliez pas de culotter vos poêles pour qu'elles n'attachent pas. De plus, évitez au maximum les matières qui peuvent s'avérer toxiques pour l'organisme telles que l'aluminium, le téflon ou encore le cuivre. Privilégiez la qualité de votre matériel de cuisine à la quantité.

• Pour nettoyer votre matériel, misez sur les produits ménagers naturels faits maison ! En plus d'être simples à réaliser, ces produits d'entretien sont économiques et très souvent multi-usages.

• Vous pouvez aussi pratiquer l'upcycling en réutilisant les vêtements que vous ne portez plus pour réaliser de nouvelles créations en tissus, qui vous seront utiles pour l'entretien de vos ustensiles de cuisine. Vous pourrez ainsi faire vos propres essuie-tout ou encore des éponges tawashi. En plus d'être totalement personnalisables en fonction de vos goûts et des tissus que vous avez sous la main, ce sont des produits lavables et réutilisables.

L'ÉNERGIE

• Pour faire des économies d'énergie, évitez de préchauffer votre four trop en avance. Lorsque vous utilisez votre four, vous pouvez en profiter pour faire cuire plusieurs recettes en simultanée ou encore pour faire décongeler ou réchauffer un autre plat.

• Vous pouvez économiser de l'eau en réutilisant l'eau de rinçage ou en faisant la vaisselle avec un bac pré-rempli. Vous pouvez également investir dans un aérateur d'eau pour faire des économies !

CONCILIER SUSHIS ET ÉCORESPONSABILITÉ C'EST POSSIBLE !

ÉVITEZ LES POISSONS MENACÉS PAR LA PÊCHE INTENSIVE :

Le thon rouge, la dorade ou encore les anchois font partie des poissons les plus menacés par la pêche intensive. Ce sont des espèces que l'on retrouve souvent dans les recettes de sushis, c'est pourquoi il est préférable d'en consommer de manière occasionnelle. Mais il est aussi possible de privilégier les sushis faits à base d'espèces moins menacées par la surexploitation telles que le hareng, le maquereau ou encore les crevettes. Pour le saumon ou la truite, il est également important de privilégier les espèces issues d'élevage labélisé « Agriculture Biologique », le saumon et la truite sauvages étant aussi en voie de disparition. Vous pouvez également miser sur les sushis végétariens !

PRIVILÉGIER LES ALIMENTS LOCAUX MÊME POUR UNE CUISINE EXOTIQUE :

Les sushis sont en effet des produits exotiques, mais il est tout à fait possible de les réaliser avec des ingrédients cultivés près de chez vous ! Aussi, renseignez-vous le plus possible sur la provenance de vos aliments et privilégiez au mieux ceux originaires de France ou, à défaut, produits en Europe. Il est par exemple possible de trouver du riz à sushi produit en Camargue tandis que les algues composant les feuilles de nori sont aussi récoltées sur les côtes bretonnes.

LES BASES

CUISSON DU RIZ
À SUSHIS

Pour 120 g de riz à sushis cru (8 à 10 sushis ou 2 rouleaux de makis) • Préparation : 10 min • Cuisson : 20 min • Repos : 1 h 30

120 g de riz rond à sushis cru • 4 cuillerées à soupe de vinaigre de riz • 2 cuillerées à soupe de sucre semoule • 1 cuillerée à café de sel

1. Faites tremper le riz dans de l'eau froide durant 1 heure.

2. Pendant ce temps, faites chauffer le vinaigre de riz avec le sucre et le sel. Laissez cuire sans bouillir, jusqu'à dissolution complète du sucre.
Laissez refroidir.

3. Placez le riz dans une passoire. Laissez égoutter 30 minutes. Mettez le riz dans une casserole à fond épais avec 12 cl d'eau.

4. Couvrez, faites chauffer à feu moyen pour porter l'eau à ébullition et comptez 5 minutes de cuisson à partir de l'ébullition. Baissez le feu et laissez cuire à feu très doux sans ôter le couvercle durant 5 minutes. Laissez ensuite reposer hors du feu, avec le couvercle, durant encore 10 minutes.

5. Ajoutez le vinaigre et mélangez délicatement sans écraser les grains. Laissez refroidir à température ambiante.

CONFECTION
DES SUSHIS

Pour 8 à 10 sushis • Préparation : 15 min

120 g de riz à sushis cru (voir préparation p. 16) • 120 g de poisson

1. Ôtez les arêtes du poisson.

2. Enlevez la peau en passant un couteau à lame souple entre la peau et la chair.

3. Découpez le poisson par le côté du filet pour obtenir de petits rectangles nets.

4. Formez des pavés de riz à l'aide de moules à sushis. Si vous n'en avez pas, trempez vos mains dans l'eau. Prenez l'équivalent d'une grosse cuillerée de riz et pressez-le entre vos mains de façon à le compacter.

5. Déposez dessus un morceau de poisson. Pressez à nouveau pour le coller. Placez les sushis au réfrigérateur au fur et à mesure afin d'éviter que le poisson ne se réchauffe.

6. Servez avec du wasabi et de la sauce soja.

ROULAGE
DES MAKIS

Pour 12 makis • Préparation : 15 min

120 g de riz à sushis cru (voir préparation p. 16) • 60 g de poisson • 2 feuilles d'algue nori

1. Coupez de longues bandes de chair de poisson.

2. Couvrez la moitié d'une feuille de nori avec la moitié du riz. Mouillez vos mains et tassez légèrement le riz pour le répartir uniformément.

3. Déposez la moitié des bâtonnets de poisson.

4. Soulevez le bord de la natte pour faire rouler le maki sur lui-même.

5. Serrez bien l'ensemble à l'aide de la natte de bambou.

6. Si les feuilles sont trop grandes, coupez- les au couteau.

7. Coupez le rouleau en 6 tronçons à l'aide d'un couteau bien affûté. Prenez soin de bien humidifier la lame du couteau.

8. Servez accompagné de quelques morceaux de gingembre mariné au vinaigre, de wasabi et de sauce soja.

BOUILLON DE LÉGUMES
AU TOFU

Pour 4 personnes
Préparation : 15 min
Cuisson : 20 min

100 g de tofu ferme
100 g de courgette
100 g d'aubergine
2 feuilles de chou chinois
1 litre de bouillon de poule
1 cuillerée à café
de gingembre râpé
2 cuillerées à soupe
de sauce soja
Huile

1. Coupez le tofu en bandes de 5 mm d'épaisseur. Faites-les dorer dans une poêle antiadhésive avec un fond d'huile.

2. Lorsqu'elles sont colorées de chaque côté, épongez-les sur du papier absorbant.

3. Coupez la courgette et l'aubergine en morceaux de 3 mm d'épaisseur.

4. Ciselez le chou chinois en très fines lanières.

5. Dans une casserole, faites revenir les légumes durant 5 minutes jusqu'à les faire légèrement colorer puis ajoutez le bouillon.

6. Laissez cuire 10 minutes à couvert, puis ajoutez le gingembre et la sauce soja.

7. Répartissez les légumes dans les bols, arrosez de bouillon et ajoutez le tofu frit.

SOUPE JAPONAISE
AU TOFU

Pour 4 personnes • Préparation : 10 min • Cuisson : 20 min

160 g de tofu • 300 g de nouilles • 2 carottes • 1 échalote • 1 c. à soupe de sauce soja • 1 c. à soupe de vinaigre blanc • 1 c. à café de gingembre frais râpé • 1 c. à soupe de graines de sésame • 1 cube de bouillon de légumes • Huile

1. Pelez et émincez finement l'échalote. Pelez et coupez les carottes en bâtonnets. Coupez le tofu en cubes.

2. Dans une casserole, faites revenir les carottes et l'échalote 5 minutes avec 1 cuillerée à soupe d'huile.

3. Ajoutez le tofu et le reste des ingrédients, sauf les nouilles. Versez 60 cl d'eau et laissez cuire 10 minutes à couvert.

4. Ajoutez les nouilles et laissez cuire 5 minutes supplémentaires.

ASTUCE

Le tofu est fabriqué en faisant cailler du lait de soja avec du nigari (une présure marine). Il est donc riche en protéines végétales, en vitamines et minéraux.

SOUPE MISO
À L'ALGUE WAKAMÉ

Pour 4 personnes • Préparation : 10 min • Cuisson : 20 min

125 g de tofu • 100 g de poireau • 2 filaments d'algue wakamé séchée • 2 à 3 c. à soupe de miso

1. Lavez le poireau et coupez-le en fines rondelles.

2. Réhydratez l'algue dans un bol d'eau bouillante, puis égouttez-la. Coupez-la en petits carrés.

3. Faites bouillir 40 cl d'eau et plongez le poireau. Laissez cuire 5 minutes.

4. Ajoutez ensuite l'algue et laissez cuire encore 10 minutes à petit feu.

5. Délayez le miso dans une partie du bouillon, puis incorporez-le à l'ensemble.

6. Ajoutez le tofu coupé en dés et laissez chauffer sans faire bouillir durant 5 minutes.

SALADE DE CHOU
ET CAROTTE À LA JAPONAISE

Pour 8 personnes
Préparation : 20 min
Sans Cuisson
Repos : 2 h 30

¼ de chou blanc
1 carotte
2 cuillerées à café de sucre semoule
3 cl de vinaigre de riz
1 cuillerée à soupe de sauce mirin
2 cuillerées à soupe de graines de sésame
1 cuillerée à soupe d'huile de sésame
Sel

1. Râpez ou émincez finement le chou, laissez-le tremper 20 minutes dans l'eau froide avec 1 cuillerée à soupe de sel.

2. Dans un petit bol versez le vinaigre de riz puis ajoutez le sucre et ½ cuillerée à café de sel.

3. Rincez et égouttez le chou puis mettez-le dans un saladier avec la sauce vinaigrée. Laissez macérer 10 minutes : cela va attendrir le chou et le rendre plus digeste.

4. Épluchez et râpez la carotte.

5. Égouttez le chou et pressez-le. Déposez-le dans un saladier propre. Ajoutez la carotte puis arrosez avec l'huile de sésame et le mirin. Réservez 2 heures au réfrigérateur.

6. Saupoudrez la salade de sésame et, si vous le souhaitez, accompagnez de fines tranches de concombre.

BOULES
DE COCO

Pour 10 à 12 boules de coco
Préparation : 30 min
Cuisson : 1 heure

Pour la pâte :
250 g de farine de riz gluant
20 cl d'eau chaude
50 g de sucre semoule

Pour la farce :
50 g de haricots mungo
40 g de noix de coco râpée + 30 g pour la déco
30 g de sucre semoule

1. Faites cuire les haricots mungo 45 minutes à la vapeur. Mixez finement les haricots mungo avec le sucre et la noix de coco.

2. Formez des petites boules avec cette pâte, de 1,5 ou 2 cm de diamètre.

3. Dans un bol, à l'aide d'une cuillère mélangez la farine de riz gluant avec le sucre et l'eau bouillante. Finissez de travailler la pâte à la main : elle doit être souple et maniable.

4. Prélevez des boules de pâte, aplatissez-les en un disque et entourez avec les haricots mungo à la noix de coco. Refermez bien pour avoir une boule blanche toute ronde. On compte environ une boule de 10 g de farce et une boule de 35 g de pâte au riz gluant.

5. Façonnez ainsi une dizaine de boules de coco.Faites-les cuire 15 minutes au cuit-vapeur et roulez-les dans de la noix de coco râpée dès la fin de la cuisson.

6. Dégustez les boules de coco asiatiques sans attendre (ou réchauffez-les 1 minute au micro-ondes).

ASTUCE

Attention, les boules de coco durcissent vite : il est déconseillé de les préparer trop longtemps à l'avance.

LES SUSHIS

SUSHIS
DE SAUMON

Pour 8 à 10 sushis • Préparation : 15 min • Cuisson (le riz) : 20 min

120 g de riz à sushis cru • 4 cuillerées à soupe de vinaigre de riz • 2 cuillerées à soupe de sucre semoule • 1 cuillerée à café de sel • 120 g de pavé de saumon sans arêtes

1. Préparez le riz selon la technique expliquée page 16. Laissez totalement refroidir à température ambiante.

2. Coupez le pavé de saumon de façon à avoir de belles tranches uniformes.

3. Formez un pavé de riz à l'aide d'un moule à sushis. Si vous n'en avez pas, mouillez-vous les mains et prélevez une boulette de riz. Tassez-la pour lui donner forme.

4. Plaquez un morceau de saumon dessus.

5. Tassez entre vos mains mouillées pour maintenir le sushi.

SUSHIS
AU SAUMON FUMÉ

Pour 8 à 10 sushis • Préparation : 20 min • Cuisson (le riz) : 20 min

120 g de riz à sushis cru • 4 cuillerées à soupe de vinaigre de riz • 2 cuillerées à soupe de sucre semoule • 1 cuillerée à café de sel • 2 ou 3 tranches de saumon fumé

1. Préparez le riz selon la recette expliquée page 16. Laissez totalement refroidir à température ambiante.

2. Découpez le saumon fumé en fines tranches.

3. Formez un pavé de riz à l'aide d'un moule à sushis. Si vous n'en avez pas, mouillez-vous les mains et prélevez une boulette de riz. Tassez-la pour lui donner forme.

4. Plaquez un morceau de saumon fumé dessus.

5. Tassez entre vos mains mouillées pour maintenir le sushi.

SUSHIS
DE CREVETTES

Pour 10 sushis • Préparation : 15 min • Cuisson (le riz) : 20 min

120 g de riz à sushis cru • 4 c. à soupe de vinaigre de riz • 2 c. à soupe de sucre semoule • 1 c. à café de sel • 10 grosses crevettes cuites décortiquées

1. Préparez le riz selon la technique expliquée page 16. Laissez totalement refroidir à température ambiante.

2. Découpez les crevettes par la face ventrale de façon à pouvoir les ouvrir en deux et en veillant à ne pas les couper entièrement (laissez la dernière épaisseur de chair entière).

3. Formez un pavé de riz à l'aide d'un moule à sushis. Si vous n'en avez pas, mouillez-vous les mains et prélevez une boulette de riz. Tassez-la pour lui donner forme.

4. Plaquez une crevette ouverte sur le pavé de riz.

5. Tassez entre vos mains mouillées pour maintenir le sushi.

SUSHIS DE SAINT-JACQUES

Pour 10 sushis • Préparation : 15 min • Cuisson (le riz) : 20 min

120 g de riz à sushis cru • 4 c. à soupe de vinaigre de riz • 2 c. à soupe de sucre semoule • 1 c. à café de sel • 4 noix de Saint-Jacques (environ 100 g) • 1 bouquet de ciboulette

1. Préparez le riz selon la technique expliquée page 16. Laissez totalement refroidir à température ambiante.

2. Découpez les Saint-Jacques en fines tranches. Hachez la ciboulette.

3. Formez un pavé de riz à l'aide d'un moule à sushis. Si vous n'en avez pas, mouillez-vous les mains et prélevez une boulette de riz. Tassez-la de façon à lui donner forme.

4. Roulez le pavé de riz dans la ciboulette hachée.

5. Déposez dessus des lamelles de Saint-Jacques et pressez légèrement.

SUSHIS DE CABILLAUD
ET CHUTNEY DE MANGUE

Pour 10 à 12 sushis
Préparation : 25 min
Cuisson (le riz) : 20 min
Le chutney : 10 min

120 g de riz à sushis cru
4 cuillerées à soupe de vinaigre de riz
2 cuillerées à soupe de sucre semoule
1 cuillerée à café de sel
100 g de cabillaud

Pour le chutney :
80 g de mangue (1 tranche)
1 échalote
½ cuillerée à café de gingembre frais râpé
1 cuillerée à café d'huile neutre
1 cuillerée à soupe de vinaigre de cidre
2 cuillerées à soupe de sucre semoule
Sel, poivre du moulin

1. Préparez le riz selon la technique expliquée page 16. Laissez totalement refroidir à température ambiante.

2. Préparez le chutney : coupez la mangue en petits dés. Pelez et hachez finement l'échalote.

3. Placez la mangue et l'échalote dans une sauteuse chaude huilée et faites revenir quelques secondes à feu très vif. Ajoutez ensuite le vinaigre, le sucre et le gingembre. Salez et poivrez.

4. Faites compoter à feu moyen en remuant durant 5 à 10 minutes. Lorsque la chair se défait, laissez épaissir encore quelques instants puis laissez refroidir.

5. Découpez le cabillaud en fines lamelles.

6. Formez un pavé de riz à l'aide d'un moule à sushis. Si vous n'en avez pas, mouillez-vous les mains et prélevez une boulette de riz. Tassez-la de façon à lui donner forme.

7. Déposez dessus des lamelles de cabillaud, tassez entre vos mains mouillées pour maintenir le sushi puis répartissez un peu de chutney sur chaque sushi.

SUSHIS JAMBON-FROMAGE
POUR LES PETITS

Pour 15 sushis • Préparation : 20 min • Cuisson (le riz) : 20 min

120 g de riz à sushis cru • 4 c. à soupe de vinaigre de riz • 2 c. à soupe de sucre semoule • 1 c. à café de sel • 2 tranches de jambon blanc • 20 à 40 g de fromage en tranches type gruyère ou emmental

1. Préparez le riz selon la technique expliquée page 16. Laissez totalement refroidir à température ambiante.

2. Mouillez-vous les mains, prélevez une boulette de riz et tassez-la dans un emporte-pièce.

3. Démoulez délicatement en poussant sur les côtés pour préserver la forme donnée.

4. Avec le même emporte-pièce, découpez des formes dans le jambon et pressez-les délicatement sur le riz. Tassez entre vos mains mouillées pour maintenir le sushi.

5. Découpez des morceaux de fromage plus petits et déposez-les dessus.

ASTUCE

Pensez aux petits : ne faites pas de trop gros sushis sans quoi ils peineront à les manger !

SUSHIS DE COURGETTE
AU CITRON

Pour 8 à 10 sushis • Préparation : 20 min • Cuisson (le riz) : 20 min • Marinade : 2 h

120 g de riz à sushis cru • 4 c. à soupe de vinaigre de riz • 2 c. à soupe de sucre semoule • 1 c. à café de sel • 2 mini-courgettes • Le jus de ½ citron • 3 brins d'aneth • 1 pincée de sel

1. À l'aide d'une mandoline, coupez les courgettes en fines rondelles. Déposez-les dans un saladier avec le jus de citron, l'aneth ciselé et le sel. Mélangez bien et laissez mariner 2 heures.

2. Préparez le riz selon la technique expliquée page 16. Laissez totalement refroidir à température ambiante.

3. Mouillez-vous les mains et prélevez une boulette de riz. Tassez-la pour lui donner forme. Plaquez dessus 5 petites rondelles de courgette.

4. Tassez entre vos mains mouillées pour maintenir le sushi.

SUSHIS
CANARD FUMÉ-ORANGE

Pour 8 à 10 sushis
Préparation : 20 min
Cuisson (le riz): 20 min

120 g de riz à sushis cru
4 cuillerées à soupe de vinaigre de riz
2 cuillerées à soupe de sucre semoule
1 cuillerée à café de sel
1 orange
10 tranches de magret de canard fumé
1 feuille d'algue nori

1. Préparez le riz selon la technique expliquée page 16. Laissez totalement refroidir à température ambiante.

2. Pelez l'orange à vif et prélevez les suprêmes en découpant chaque quartier de chair sans la fine peau blanche.

3. Mouillez-vous les mains et prélevez une boulette de riz. Tassez-la pour lui donner forme. Plaquez dessus une tranche de magret fumé et un quartier d'orange.

4. Tassez entre vos mains mouillées pour maintenir le sushi. Ceinturez-les d'une petite bande de nori fixée sur le dessous du sushi.

SUSHIS TOUT RONDS
À LA SAINT-JACQUES

Pour 10 à 12 sushis • Préparation : 20 min • Cuisson (le riz) : 20 min

120 g de riz à sushis cru • 4 c. à soupe de vinaigre de riz • 2 c. à soupe de sucre semoule • 1 c. à café de sel • 4 ou 5 grosses noix de Saint-Jacques

1. Préparez le riz selon la technique expliquée page 16. Laissez totalement refroidir à température ambiante.

2. Émincez les Saint-Jacques en fines rondelles. Vous pouvez les placer au préalable 25 minutes au congélateur pour les durcir et faciliter la découpe.

3. Mouillez-vous les mains et prélevez une boulette de riz. Tassez-la pour lui donner une forme ronde. Plaquez dessus une lamelle de Saint-Jacques.

4. Tassez entre vos mains mouillées pour maintenir le sushi.

SUSHIS CŒUR
AU SAUMON FUMÉ

Pour 15 sushis • Préparation : 15 min • Cuisson (le riz) : 20 min

120 g de riz à sushis cru • 4 c. à soupe de vinaigre de riz • 2 c. à soupe de sucre semoule • 1 c. à café de sel • 120 g de saumon fumé

1. Préparez le riz selon la technique expliquée page 16. Laissez totalement refroidir à température ambiante.

2. À l'aide d'un emporte-pièce, découpez des cœurs dans le saumon fumé (vous pourrez avoir besoin de redessiner les contours au couteau).

3. Maintenez fermement l'emporte-pièce avec le saumon fumé au fond. Mouillez-vous les mains et garnissez de riz.

4. Tassez de façon à obtenir un sushi bien ferme. Démoulez-le en maintenant le riz en place du bout des doigts.

5. Retournez le sushi pour avoir le saumon fumé au-dessus. Décorez à votre goût et gardez au réfrigérateur jusqu'au moment de servir.

SUSHIS À L'OMELETTE
FAÇON JAPONAISE

Pour 8 sushis
Préparation : 25 min
Cuisson (le riz) : 20 min
L'omelette : 5 à 10 min

120 g de riz à sushis cru
4 cuillerées à soupe de vinaigre de riz
2 cuillerées à soupe de sucre semoule
1 cuillerée à café de sel
2 œufs
½ feuille d'algue nori
1 cuillerée à soupe d'huile + 1 cuillerée à café pour la crêpière
Sel

1. Préparez le riz selon la technique expliquée page 16. Laissez totalement refroidir à température ambiante.

2. Battez les œufs en omelette, ajoutez l'huile et le sel. Versez dans une grande crêpière de 30 cm, huilée et légèrement chauffée. Lorsque l'œuf commence à cuire à la surface de l'omelette, roulez-la délicatement en la soulevant avec une spatule. Si vous ne disposez pas d'une crêpière assez grande, procédez en deux omelettes de façon à avoir une surface suffisante d'omelette sans en augmenter l'épaisseur.

3. Découpez l'omelette en rectangles.

4. Formez un pavé de riz à l'aide d'un moule à sushis. Si vous n'en avez pas, mouillez-vous les mains et prélevez une boulette de riz. Tassez-la pour lui donner forme. Plaquez dessus un morceau d'omelette.

5. Tassez le tout entre vos mains mouillées pour maintenir le sushi.

6. Ceinturez-le d'une petite bande de nori fixée sous le sushi.

SUSHIS
DE LÉGUMES CROQUANTS

Pour 10 sushis
Préparation : 30 min
Cuisson (le riz) : 20 min

120 g de riz à sushis cru
4 cuillerées à soupe de vinaigre de riz
2 cuillerées à soupe de sucre semoule
1 cuillerée à café de sel
¼ de poivron (de la couleur de votre choix)
1 tronçon de 5 cm de carotte
1 tronçon de 5 cm de courgette
1 feuille d'algue nori

1. Préparez le riz selon la technique expliquée page 16. Laissez totalement refroidir à température ambiante.

2. Découpez de longues bandes de nori de 1,5 cm de large.

3. Découpez de fins bâtonnets de légumes.

4. Formez un pavé de riz à l'aide d'un moule à sushis. Si vous n'en avez pas, mouillez-vous les mains et prélevez une boulette de riz. Tassez-la pour lui donner forme.

5. Déposez des bâtonnets de légumes dans le creux de votre main. Posez par-dessus la boulette de riz façonnée. Enroulez l'ensemble en le ceinturant avec une bande de nori. Découpez l'excédent d'algue.

SUSHIS ORANGE, PAMPLEMOUSSE ET FLEUR D'ORANGER

Pour 8 à 10 sushis • Préparation : 20 min • Cuisson (le riz) : 20 min

120 g de riz à sushis cru • 4 c. à soupe de vinaigre de riz • 2 c. à soupe de sucre semoule • 1 c. à café de sel • 1 orange • 1 pamplemousse • 1 c. à soupe d'eau de fleur d'oranger • 1 feuille d'algue nori • 30 g de sucre semoule

1. Préparez le riz selon la technique expliquée page 16. Ajoutez le sucre et l'eau de fleur d'oranger. Laissez totalement refroidir à température ambiante.

2. Pelez l'orange et le pamplemousse à vif puis prélevez les suprêmes en découpant chaque quartier de chair sans la fine peau blanche.

3. Mouillez-vous les mains et prélevez une boulette de riz. Tassez-la pour lui donner forme. Plaquez dessus un quartier de pamplemousse et d'orange.

4. Tassez entre vos mains mouillées pour maintenir le sushi. Ceinturez-le d'une petite bande de feuille de nori fixée sous le sushi.

SUSHIS FIGUES-KIWI

Pour 8 à 10 sushis • Préparation : 15 min • Cuisson (le riz) : 20 min

100 g de riz à sushis cru • 4 c. à soupe de vinaigre de riz • 2 c. à soupe de sucre semoule • 1 c. à café de sel • 2 ou 3 figues • 1 kiwi • 6 cl d'eau • 4 cl de lait • 15 g de sucre

1. Préparez le riz selon la technique expliquée page 16, en remplaçant une partie de l'eau par le lait et en ajoutant du sucre. Laissez complètement refroidir à température ambiante.

2. Pelez et détaillez le kiwi en rondelles puis coupez les rondelles en deux. Coupez les figues en rondelles.

3. Prélevez de petites boulettes de riz puis compressez-les de façon à ce qu'elles se maintiennent.

4. Garnissez-les de rondelles de kiwi ou de figue.

SUSHIS
AUX ŒUFS DE SAUMON

Pour 8 à 10 sushis
Préparation : 15 min
cuisson (le riz) : 20 min

100 g de riz à sushis cru
4 cuillerées à soupe de vinaigre de riz
2 cuillerées à soupe de sucre semoule
1 cuillerée à café de sel
100 g d'œufs de saumon
2 feuilles d'algue nori

1. Préparez le riz selon la technique expliquée page 16. Laissez totalement refroidir à température ambiante.

2. Prélevez de petites boulettes de riz et compressez-les de façon à ce qu'elles se maintiennent.

3. Découpez des bandes de nori de 3 cm de large.

4. Enroulez chaque boulette de riz dans une bandelette de nori de façon à laisser un bord dépasser pour former une cuvette. Si besoin, pour la coller sur elle-même, écrasez un peu de riz dessus.

5. Garnissez la cuvette ainsi formée d'œufs de saumon.

6. Réservez au réfrigérateur jusqu'au moment de servir.

SUSHIS
AUX RADIS MARINÉS

Pour 8 à 10 sushis • Préparation : 15 min • Cuisson (le riz) : 20 min

100 g de riz à sushis cuit • 4 c. à soupe de vinaigre de riz • 2 c. à soupe de sucre semoule • 1 c. à café de sel
Pour les radis marinés : ½ botte de radis • 10 cl de vinaigre de cidre • 20 g de sucre semoule • ½ cm de gingembre frais râpé • 1 pincée de sel

1. Préparez les radis marinés : lavez et équeutez les radis puis coupez-les en rondelles. Déposez-les dans une casserole et faites-les bouillir 1 minute avec le mélange de vinaigre, sucre, sel et gingembre.

2. Préparez le riz selon la technique expliquée page 16.

3. Prélevez de petites boulettes de riz cuit et compressez-les de façon à ce qu'elles se maintiennent.

4. Garnissez-les de rondelles de radis marinées et pressez légèrement.

ASTUCE
Vous pouvez décorer les sushis de graines de sésame.

SUSHIS
MANGUE-SAINT-JACQUES

Pour 6 sushis • Préparation : 15 min • Cuisson (le riz) : 20 min • Repos : 1 h 30 min

90 g de riz à sushis cuit • 4 c. à soupe de vinaigre de riz • 2 c. à soupe de sucre semoule • 1 c. à café de sel • 4 noix de Saint-Jacques (surgelées) • ¼ de mangue

1. Préparez le riz selon la recette page 16. Laissez totalement refroidir à température ambiante.

2. Découpez les noix de Saint-Jacques encore congelées en fines lamelles.

3. Pelez et coupez la mangue en fines lamelles.

4. Avec les mains humides façonnez le riz en sushi (voir pages 18-19).

5. Disposez quelques lamelles de Saint-Jacques, puis une lamelle de mangue sur chaque sushi.

SUSHIS CŒUR
AUX POIVRONS GRILLÉS

Pour 12 à 15 sushis
Préparation : 20 min
Cuisson (le riz) : 20 min
Les poivrons : 15 min

120 g de riz à sushis cru
4 cuillerées à soupe de vinaigre de riz
2 cuillerées à soupe de sucre semoule
1 cuillerée à café de sel
2 ou 3 poivrons rouges

1. Préparez le riz selon la technique expliquée page 16. Laissez totalement refroidir à température ambiante.

2. Faites cuire les poivrons 15 minutes dans le four préchauffé à 200 °C (th. 6-7). Sortez-les du four et enveloppez-les dans du papier d'aluminium. Laissez tiédir.

3. Retirez les graines et parties fibreuses des poivrons. Détaillez la chair en cœur à l'aide d'un emporte-pièce.

4. Mouillez-vous les mains et prélevez une boulette de riz. Tassez-la dans l'emporte-pièce pour lui donner une forme de cœur. Plaquez dessus un cœur de poivron.

5. Tassez bien et démoulez délicatement le sushi.

6. Renouvelez l'opération avec le reste des ingrédients.

MAKIS ET CALIFORNIA MAKIS

MAKIS SAUMON,
ANANAS ET AVOCAT

Pour 12 makis
Préparation : 30 min
Cuisson (le riz) : 20 min

120 g de riz à sushis cru
4 cuillerées à soupe de vinaigre de riz
2 cuillerées à soupe de sucre semoule
1 cuillerée à café de sel
80 g de saumon
½ avocat
1 tranche d'ananas frais
2 feuilles d'algue nori
½ citron

1. Préparez le riz selon la technique expliquée page 16. Laissez totalement refroidir à température ambiante.

2. Coupez le saumon en bâtonnets d'environ 1 cm d'épaisseur. Pelez l'avocat et émincez la chair en lamelles. Arrosez-les de quelques gouttes de citron pour éviter qu'elles noircissent. Coupez l'ananas en bâtonnets.

3. Posez la natte à rouler sur le plan de travail. Déposez 1 feuille de nori dessus. Avec vos mains mouillées, prélevez une poignée de riz et étalez-la sur la feuille de nori en laissant un espace d'environ 1 cm de large en haut de la feuille.

4. Déposez la moitié des lamelles de saumon, d'avocat et d'ananas sur toute la largeur.

5. Enroulez en serrant bien à l'aide de la natte (voir pages 20-21).

6. Renouvelez l'opération avec l'autre feuille de nori et le reste des ingrédients.

7. Coupez les rouleaux en 6 morceaux, en humidifiant la lame du couteau entre chaque découpe.

MAKIS
THON CUIT-CONCOMBRE

Pour 12 makis
Préparation : 20 min
Cuisson (le riz) : 20 min

120 g de riz à sushis cru
4 cuillerées à soupe de vinaigre de riz
2 cuillerées à soupe de sucre semoule
1 cuillerée à café de sel
50 g de thon en boîte
1 morceau de concombre d'environ 10 cm
2 feuilles d'algue nori

1. Préparez le riz, selon la technique expliquée page 16. Laissez totalement refroidir à température ambiante.

2. Émiettez le thon cuit. Coupez le concombre, retirez les graines et émincez la chair en julienne.

3. Posez la natte à rouler sur le plan de travail. Déposez 1 feuille de nori dessus. Avec vos mains mouillées, prélevez une poignée de riz et étalez-la sur la feuille de nori en laissant un espace d'environ 1 cm de large en haut de la feuille.

4. Déposez la moitié des bâtonnets de concombre et du thon émietté sur toute la largeur.

5. Enroulez en serrant bien à l'aide de la natte (voir pages 20-21).

6. Renouvelez l'opération avec l'autre feuille de nori et le reste des ingrédients.

7. Coupez les rouleaux en 6 morceaux, en humidifiant la lame du couteau entre chaque découpe.

MAKIS
AU POTIMARRON GRILLÉ

Pour 12 makis
Préparation : 30 min
Cuisson (le riz) : 20 min
Le potimarron : 10 min

120 g de riz à sushis cru
4 cuillerées à soupe de vinaigre de riz
2 cuillerées à soupe de sucre semoule
1 cuillerée à café de sel
½ potimarron
2 feuilles d'algue nori
Huile d'olive

1. Préparez le riz selon la technique expliquée page 16. Laissez totalement refroidir à température ambiante.

2. Lavez soigneusement la peau du potimarron. Coupez-le en fines tranches. Faites-les revenir dans une poêle bien chaude, avec un filet d'huile d'olive. Laissez cuire 2 à 3 minutes puis retournez les tranches. Couvrez et poursuivez la cuisson 3 à 4 minutes, jusqu'à ce qu'elles soient bien tendres.

3. Posez la natte à rouler sur le plan de travail. Déposez 1 feuille d'algue nori dessus. Avec vos mains mouillées, prélevez une poignée de riz et étalez-la sur la feuille de nori en laissant un espace d'environ 1 cm de large en haut de la feuille.

4. Disposez la moitié des lamelles de potimarron sur toute la largeur.

5. Enroulez en serrant bien avec la natte (voir pages 20-21). Renouvelez l'opération avec l'autre feuille de nori et le reste des ingrédients.

6. Coupez chaque rouleau en 6 morceaux, en humidifiant la lame du couteau entre chaque découpe.

MAKIS
AVOCAT-FETA

Pour 12 makis
Préparation : 20 min
Cuisson (le riz) : 20 min

120 g de riz à sushis cru
4 cuillerées à soupe de vinaigre de riz
2 cuillerées à soupe de sucre semoule
1 cuillerée à café de sel
½ avocat
50 g de feta
2 feuilles d'algue nori

1. Préparez le riz selon la technique expliquée page 16. Laissez totalement refroidir à température ambiante.

2. Pelez l'avocat et émincez la chair en lamelles. Coupez la feta en bâtonnets.

3. Posez la natte à rouler sur le plan de travail. Déposez 1 feuille de nori dessus. Avec vos mains mouillées, prélevez une poignée de riz et étalez-la sur la feuille de nori en laissant un espace d'environ 1 cm de large en haut de la feuille.

4. Disposez la moitié des lamelles d'avocat et des bâtonnets de feta sur toute la largeur.

5. Enroulez en serrant bien avec la natte (voir pages 20-21).

6. Renouvelez l'opération avec l'autre feuille de nori et le reste des ingrédients.

7. Coupez les rouleaux en 6 morceaux, en humidifiant la lame du couteau entre chaque découpe.

MAKIS
JAMBON CRU-MELON

Pour 12 makis
Préparation : 20 min
Cuisson (le riz) : 20 min

120 g de riz à sushis cru
4 cuillerées à soupe de vinaigre de riz
2 cuillerées à soupe de sucre semoule
1 cuillerée à café de sel
1 à 2 tranches de jambon cru
2 tranches de melon
2 feuilles d'algue nori

1. Préparez le riz selon la technique expliquée page 16. Laissez totalement refroidir à température ambiante.

2. Coupez le jambon en deux dans le sens de la longueur. Coupez le melon en bâtonnets.

3. Posez la natte à rouler sur le plan de travail. Déposez 1 feuille de nori dessus. Avec vos mains mouillées, prélevez une poignée de riz et étalez-la sur la feuille de nori en laissant un espace d'environ 1 cm de large en haut de la feuille.

4. Disposez la moitié des lamelles de melon et du jambon chiffonné.

5. Enroulez en serrant bien avec la natte (voir pages 20-21).

6. Renouvelez l'opération avec l'autre feuille de nori et le reste des ingrédients.

7. Coupez les rouleaux en 6 morceaux, en humidifiant la lame du couteau entre chaque découpe.

MAKIS
MAQUEREAU FUMÉ-AVOCAT

Pour 12 makis
Préparation : 30 min
Cuisson (le riz) : 20 min

120 g de riz à sushis cru
4 cuillerées à soupe de vinaigre de riz
2 cuillerées à soupe de sucre semoule
1 cuillerée à café de sel
1 filet de maquereau fumé
½ avocat
2 feuilles d'algue nori
½ citron

1. Préparez le riz selon la technique expliquée page 16. Laissez totalement refroidir à température ambiante.

2. Coupez le filet de maquereau en bâtonnets d'environ 1 cm d'épaisseur.

3. Pelez l'avocat et émincez la chair en lamelles. Arrosez-les de quelques gouttes de citron pour éviter qu'elles noircissent.

4. Posez la natte à rouler sur le plan de travail. Déposez 1 feuille de nori dessus. Avec vos mains mouillées, prélevez une poignée de riz et étalez-la sur la feuille de nori en laissant un espace d'environ 1 cm de large en haut de la feuille.

5. Déposez la moitié des lamelles de maquereau et d'avocat sur toute la largeur.

6. Enroulez en serrant bien à l'aide de la natte (voir pages 20-21). Renouvelez l'opération avec l'autre feuille de nori et le reste des ingrédients.

7. Coupez les rouleaux en 6 morceaux, en humidifiant la lame du couteau entre chaque découpe.

MAKIS
FOIE GRAS-FIGUES

Pour 12 makis
Préparation : 15 min
Cuisson (le riz) : 20 min

120 g de riz à sushis cru
4 cuillerées à soupe de vinaigre de riz
2 cuillerées à soupe de sucre semoule
1 cuillerée à café de sel
80 g de foie gras
2 figues sèches moelleuses
2 feuilles d'algue nori

1. Préparez le riz selon la technique expliquée page 16. Laissez totalement refroidir à température ambiante.

2. Coupez les figues et le foie gras en bâtonnets.

3. Posez la natte à rouler sur le plan de travail. Déposez 1 feuille de nori dessus. Avec vos mains mouillées, prélevez une poignée de riz et étalez-la sur la feuille de nori en laissant un espace d'environ 1 cm de large en haut de la feuille.

4. Déposez la moitié des figues et du foie gras sur toute la largeur.

5. Enroulez en serrant bien avec la natte (voir pages 20-21). Renouvelez l'opération avec l'autre feuille de nori et le reste des ingrédients.

6. Coupez chaque rouleau en 6 morceaux en humidifiant la lame entre chaque découpe.

MAKIS
MAQUEREAU-ORANGE

Pour 12 makis
Préparation : 20 min
Cuisson (le riz) : 20 min

120 g de riz à sushis cru
4 cuillerées à soupe de vinaigre de riz
2 cuillerées à soupe de sucre semoule
1 cuillerée à café de sel
80 g de maquereau fumé
1 orange
2 feuilles d'algue nori

1. Préparez le riz selon la technique expliquée page 16. Laissez totalement refroidir à température ambiante.

2. Pelez l'orange à vif et détaillez-la en suprêmes.

3. Ôtez la peau du filet de maquereau fumé et coupez-le en 2 longs bâtonnets.

4. Posez la natte à rouler sur le plan de travail. Déposez 1 feuille de nori dessus. Avec vos mains mouillées, prélevez une poignée de riz et étalez-la sur la feuille de nori en laissant un espace d'environ 1 cm de large en haut de la feuille.

5. Déposez la moitié du maquereau fumé et des suprêmes d'orange sur toute la largeur.

6. Enroulez en serrant bien avec la natte (voir pages 20-21). Renouvelez l'opération avec l'autre feuille de nori et le reste des ingrédients.

7. Coupez les rouleaux en 6 morceaux, en humidifiant la lame du couteau entre chaque découpe.

MAKIS AU SURIMI, POMME ET ESTRAGON

Pour 12 makis
Préparation : 20 min
Cuisson (le riz) : 20 min

120 g de riz à sushis cru
4 cuillerées à soupe de vinaigre de riz
2 cuillerées à soupe de sucre semoule
1 cuillerée à café de sel
5 bâtonnets de surimi
½ pomme verte (type granny smith)
10 brins d'estragon
2 feuilles d'algue nori

1. Préparez le riz selon la technique expliquée page 16. Laissez totalement refroidir à température ambiante.

2. Pelez la pomme et coupez-la en bâtonnets. Effeuillez l'estragon.

3. Posez la natte à rouler sur le plan de travail. Déposez 1 feuille de nori dessus. Avec vos mains mouillées, prélevez une poignée de riz et étalez-la sur la feuille de nori en laissant un espace d'environ 1 cm de large en haut de la feuille.

4. Déposez la moitié du surimi, des feuilles d'estragon et des morceaux de pomme sur toute la largeur

5. Enroulez en serrant bien avec la natte (voir pages 20-21). Renouvelez l'opération avec l'autre feuille de nori et le reste des ingrédients.

6. Coupez les rouleaux en 6 morceaux, en humidifiant la lame du couteau entre chaque découpe.

MAKIS AU SAUMON,
AVOCAT ET SAVORA®

Pour 12 makis
Préparation : 30 min
Cuisson (le riz) : 20 min

120 g de riz à sushis cru
4 cuillerées à soupe de vinaigre de riz
2 cuillerées à soupe de sucre semoule
1 cuillerée à café de sel
80 g de saumon
½ avocat
6 cuillerées à café de Savora®
2 feuilles d'algue nori
½ citron

1. Préparez le riz selon la technique expliquée page 16. Laissez totalement refroidir à température ambiante.

2. Coupez le saumon en bâtonnets d'environ 1 cm d'épaisseur. Pelez l'avocat et émincez la chair en lamelles. Arrosez-les de quelques gouttes de citron pour éviter qu'elles noircissent.

3. Posez la natte à rouler sur le plan de travail. Déposez 1 feuille de nori dessus. Avec vos mains mouillées, prélevez une poignée de riz et étalez-la sur la feuille de nori en laissant un espace d'environ 1 cm de large en haut de la feuille.

4. Étalez une fine ligne de Savora® sur le riz, dans la largeur, au centre de la feuille. Puis déposez la moitié des lamelles de saumon et d'avocat sur toute la largeur.

5. Enroulez en serrant bien avec la natte (voir pages 20-21). Renouvelez l'opération avec l'aure feuille de nori et le reste des ingrédients.

6. Coupez les rouleaux en 6 morceaux, en humidifiant la lame du couteau entre chaque découpe.

MAKIS AUX NOIX,
COMTÉ ET POMME

Pour 12 makis
Préparation : 20 min
Cuisson (le riz) : 20 min

120 g de riz à sushis cru
4 cuillerées à soupe de vinaigre de riz
2 cuillerées à soupe de sucre semoule
1 cuillerée à café de sel
½ pomme verte (type granny smith)
80 g de comté
2 à 3 cuillerées à soupe de noix
2 feuilles d'algue nori

1. Préparez le riz selon la technique expliquée page 16. Laissez totalement refroidir à température ambiante

2. Coupez de longs bâtonnets de pomme et de comté. Hachez les noix au couteau.

3. Posez la natte à rouler sur le plan de travail. Déposez 1 feuille d'algue nori dessus. Avec vos mains mouillées, prélevez une poignée de riz et étalez-la sur la feuille de nori en laissant un espace d'environ 1 cm de large en haut de la feuille.

4. Saupoudrez de noix hachées. Déposez la moitié des morceaux de comté et de pomme sur toute la largeur.

5. Enroulez en serrant bien à l'aide de la natte (voir pages 20-21). Renouvelez l'opération avec l'autre feuille de nori et le reste des ingrédients.

6. Coupez chaque rouleau en 6 morceaux, en humidifiant la lame du couteau entre chaque découpe.

MAKIS AU SAUMON,
MANGUE ET GRAINES GERMÉES

Pour 12 makis
Préparation : 20 min
Cuisson (le riz) : 20 min

120 g de riz à sushis cru
4 cuillerées à soupe de vinaigre de riz
2 cuillerées à soupe de sucre semoule
1 cuillerée à café de sel
100 g de saumon
70 g de mangue
20 g de graines germées
2 feuilles d'algue nori

1. Préparez le riz selon la technique expliquée page 16. Laissez totalement refroidir à température ambiante.

2. Coupez le saumon et la mangue en longs bâtonnets.

3. Posez la natte à rouler sur le plan de travail. Déposez 1 feuille de nori dessus. Avec vos mains mouillées, prélevez une poignée de riz et étalez-la sur la feuille de nori en laissant un espace d'environ 1 cm de large en haut de la feuille.

4. Déposez la moitié du saumon, de la mangue et des graines germées sur toute la largeur.

5. Enroulez en serrant bien à l'aide de la natte (voir pages 20-21). Renouvelez l'opération avec l'autre feuille de nori et le reste des ingrédients.

6. Coupez les rouleaux en 6 morceaux, en humidifiant la lame du couteau entre chaque découpe.

MAKIS
POIVRON-CHÈVRE

Pour 12 makis
Préparation : 30 min
Cuisson : 20 min (le riz), 15 min (le poivron)

120 g de riz à sushis cru
4 cuillerées à soupe de vinaigre de riz
2 cuillerées à soupe de sucre semoule
1 cuillerée à café de sel
1 poivron rouge
100 g de fromage de chèvre (type bûchette)
2 feuilles d'algue nori
Thym

1. Préparez le riz selon la technique expliquée page 16. Laissez totalement refroidir à température ambiante.

2. Préchauffez le four à 200 °C (th. 6-7) et placez-y le poivron 15 minutes. Sortez-le du four et enveloppez-le dans du papier d'aluminium. Laissez tiédir. Sortez le poivron et pelez-le. Coupez-le en quatre, ôtez les graines et les parties fibreuses.

3. Posez la natte à rouler sur le plan de travail. Déposez 1 feuille de nori dessus. Avec vos mains mouillées, prélevez une poignée de riz et étalez-la sur la feuille de nori en laissant un espace d'environ 1 cm de large en haut de la feuille.

4. Séchez les morceaux de poivron avec un essuie-tout. Déposez-en la moitié sur toute la largeur du riz. Ajoutez la moitié du chèvre par-dessus.

5. Enroulez en serrant bien à l'aide de la natte (voir pages 20-21). Renouvelez l'opération avec l'autre feuille de nori et les ingrédients restants.

6. Coupez les rouleaux en 6 morceaux, en humidifiant la lame du couteau entre chaque découpe. Parsemez de thym avant de servir.

MAKIS AU SAFRAN,
THON ET TOMATE

Pour 12 makis
Préparation : 20 min
Sans cuisson

120 g de riz à sushis cru
4 cuillerées à soupe de vinaigre de riz
2 cuillerées à soupe de sucre semoule
1 cuillerée à café de sel
1 dose de safran
1 tomate
100 g de thon frais
2 feuilles d'algue nori

1. Préparez le riz selon la technique expliquée page 16, en ajoutant une dosette de safran dans l'eau de cuisson. Laissez totalement refroidir à température ambiante.

2. Pelez la tomate et coupez-la en morceaux rectangulaires. Coupez le thon en morceaux de la même taille.

3. Posez la natte à rouler sur le plan de travail. Déposez 1 feuille de nori dessus. Avec vos mains mouillées, prélevez une poignée de riz et étalez-la sur la feuille de nori en laissant un espace d'environ 1 cm de large en haut de la feuille.

4. Déposez la moitié des morceaux de thon et de tomate sur toute la largeur.

5. Enroulez en serrant bien à l'aide de la natte (voir pages 20-21). Renouvelez l'opération avec l'autre feuille de nori et le reste des ingrédients.

6. Coupez les rouleaux en 6 morceaux, en humidifiant la lame du couteau entre chaque découpe.

MAKIS ROSES
BETTERAVE-DAURADE

Pour 12 makis
Préparation : 20 min
Cuisson (le riz) : 20 min

120 g de riz à sushis cru
4 cuillerées à soupe de vinaigre de riz
2 cuillerées à soupe de sucre semoule
1 cuillerée à café de sel
50 g de betterave cuite sous vide
80 g de daurade
2 feuilles d'algue nori

1. Préparez le riz selon la technique expliquée page 16. Laissez totalement refroidir à température ambiante.

2. Hachez très finement la betterave et ajoutez-la au riz cuit lorsqu'il est encore chaud. Mélangez délicatement et laissez refroidir.

3. Coupez la daurade en bâtonnets.

4. Posez la natte à rouler sur le plan de travail. Déposez 1 feuille de nori dessus. Avec vos mains mouillées, prélevez une poignée de riz et étalez-la sur la feuille de nori en laissant un espace d'environ 1 cm de large en haut de la feuille.

5. Déposez la moitié du poisson sur toute la largeur.

6. Enroulez en serrant bien avec la natte (voir pages 20-21). Renouvelez l'opération avec l'autre feuille de nori et le reste des ingrédients.

7. Coupez les rouleaux en 6 morceaux, en humidifiant la lame du couteau entre chaque découpe.

MAKIS
HARICOTS VERTS-SURIMI

Pour 12 makis
Préparation : 20 min
Cuisson (le riz) : 20 min

120 g de riz à sushis cru
4 cuillerées à soupe de vinaigre de riz
2 cuillerées à soupe de sucre semoule
1 cuillerée à café de sel
60 g de haricots verts
6 bâtonnets de surimi
2 feuilles d'algue nori
Sel

1. Préparez le riz selon la technique expliquée page 16. Laissez totalement refroidir à température ambiante.

2. Faites cuire les haricots verts équeutés dans un grand volume d'eau bouillante salée durant 10 minutes. Égouttez et laissez refroidir.

3. Posez la natte à rouler sur le plan de travail. Déposez 1 feuille de nori dessus. Avec vos mains mouillées, prélevez une poignée de riz et étalez-la sur la feuille de nori en laissant un espace d'environ 1 cm de large en haut de la feuille.

4. Déroulez le surimi et enroulez dedans les haricots verts cuits. Déposez la moitié de cette garniture sur toute la largeur du riz.

5. Enroulez en serrant bien avec la natte (voir pages 20-21). Renouvelez l'opération avec l'autre feuille de nori et le reste des ingrédients.

6. Coupez chaque rouleau en 6 morceaux, en humidifiant la lame du couteau entre chaque découpe.

MAKIS
SAUMON FUMÉ-COURGETTE

Pour 12 makis
Préparation : 25 min
Cuisson (le riz) : 20 min
Marinade : 2 h

120 g de riz à sushis cru
4 cuillerées à soupe de vinaigre de riz
2 cuillerées à soupe de sucre semoule
1 cuillerée à café de sel
180 g de saumon fumé
2 longs bâtonnets de courgette (40 g environ)
1 citron
4 cuillerées à soupe d'huile d'olive
Sel

1. Préparez le riz selon la technique expliquée page 16. Laissez totalement refroidir à température ambiante.

2. Pressez le citron puis versez le jus sur les courgettes. Salez et arrosez d'huile. Laissez mariner 2 heures au réfrigérateur, en les retournant de temps en temps.

3. Enveloppez la natte de film alimentaire.

4. Déposez du saumon fumé dessus pour obtenir un rectangle de 10 x 15 cm environ (la dimension habituellement utilisée avec la feuille de nori).

5. Répartissez la moitié du riz et 1 bâtonnet de courgette au centre. Renouvelez l'opération avec le reste des ingrédients.

6. Enroulez comme pour des makis traditionnels (voir pages 20-21), en maintenant bien en place la courgette et le saumon.

ASTUCE

Cette recette demande une certaine dextérité, le saumon ne tenant pas aussi bien que la feuille de nori.

MAKIS
AVOCAT-TOFU FUMÉ

Pour 12 makis
Préparation : 15 min
Cuisson (le riz) : 20 min

120 g de riz à sushis cuit soit environ 60 g de riz cru
4 cuillerées à soupe de vinaigre de riz
2 cuillerées à soupe de sucre semoule
1 cuillerée à café de sel
2 feuilles d'algue nori
80 g de tofu fumé
½ avocat

1. Préparez le riz selon la technique expliquée page 16. Laissez totalement refroidir à température ambiante.

2. Coupez le tofu et l'avocat en bâtonnets.

3. Posez la natte à rouler sur le plan de travail. Déposez 1 feuille de nori. Avec vos mains mouillées, prélevez une poignée de riz et étalez-la sur la feuille de nori en laissant un espace d'environ 1 cm de large en haut de la feuille.

4. Placez la moitié des bâtonnets de tofu et d'avocat sur toute la largeur du riz. Soulevez le bord de la natte pour faire rouler le maki sur lui-même (voir pages 20-21).

5. Réalisez de la même manière un deuxième rouleau.

6. Coupez les rouleaux en 6 morceaux, en humidifiant la pointe du couteau entre chaque découpe.

MAKIS
BROCOLIS-TRUITE

Pour 12 makis
Préparation : 15 min
Cuisson (le riz) : 20 min

60 g de riz à sushis cru
4 cuillerées à soupe de vinaigre de riz
2 cuillerées à soupe de sucre semoule
1 cuillerée à café de sel
2 cuillerées à soupe de vinaigre de riz assaisonné
¼ de brocolis
80 g de filet de truite
2 feuilles d'algue nori

1. Prélevez les petites boules vertes aux extrémités du brocoli.

2. Préparez le riz selon la technique expliquée page 16 en ajoutant les petites billes de brocoli dans l'eau de cuisson. Laissez totalement refroidir à température ambiante.

3. Coupez le filet de truite en bâtonnets.

4. Posez la natte à rouler sur le plan de travail. Déposez 1 feuille de nori par-dessus. Avec vos mains mouillées, prélevez une poignée de riz et étalez-la sur la feuille de nori en laissant un espace d'environ 1 cm de large en haut de la feuille.

5. Placez les morceaux de truite sur toute la largeur. Soulevez le bord de la natte pour faire rouler le maki sur lui-même (voir pages 20-21).

6. Faites de même avec le deuxième rouleau.

7. Coupez les rouleaux en 6 morceaux, en humidifiant la pointe du couteau entre chaque découpe.

MAKIS
CHOU ROUGE-FETA

Pour 12 makis
Préparation : 15 min
Cuisson (le riz) : 20 min

60 g de riz à sushis cru
4 cuillerées à soupe de vinaigre de riz
2 cuillerées à soupe de sucre semoule
1 cuillerée à café de sel
3 cuillerées à soupe de vinaigre de riz assaisonné
20 g de chou rouge
3 cuillerées à soupe de vinaigre de riz assaisonné
40 g de feta
2 feuilles d'algue nori

1. Hachez finement le chou rouge.

2. Préparez le riz selon la technique expliquée page 16. Ajoutez le chou rouge et le vinaigre. Mélangez délicatement. Laissez totalement refroidir à température ambiante.

3. Coupez la feta en bâtonnets.

4. Posez la natte à rouler sur le plan de travail. Déposez 1 feuille de nori par-dessus. Avec vos mains mouillées, prélevez une poignée de riz et étalez-la sur la feuille de nori en laissant un espace d'environ 1 cm de large en haut de la feuille.

5. Placez les bâtonnets de feta sur toute la largeur. Soulevez le bord de la natte pour faire rouler le maki sur lui-même (voir pages 20-21).

6. Réalisez de même un deuxième rouleau.

7. Coupez les rouleaux en 6 morceaux, en humidifiant la pointe du couteau entre chaque découpe.

CALIFORNIA MAKIS
SAUMON-AVOCAT

Pour 12 california makis
Préparation : 20 min
Cuisson (le riz) : 20 min

140 g de riz à sushis cru
4 cuillerées à soupe de vinaigre de riz
2 cuillerées à soupe de sucre semoule
1 cuillerée à café de sel
90 g de saumon
1 avocat
1 cuillerée à soupe de graines de sésame
1 feuille d'algue nori

1. Préparez le riz selon la technique expliquée page 16. Laissez totalement refroidir à température ambiante.

2. Coupez la feuille de nori en deux.

3. Détaillez l'avocat et le saumon en bâtonnets.

4. Enveloppez la natte en bambou dans du film alimentaire. Déposez dessus une demi-feuille de nori. Couvrez-la de riz en tassant avec les mains humides.

5. Sans toucher à la natte, retournez l'ensemble sur la natte (la feuille de nori se trouve alors sur le dessus). Déposez au centre la moitié des bâtonnets de saumon et d'avocat.

6. Enroulez en serrant bien à l'aide de la natte (voir pages 20-21). Passez ce rouleau dans les graines de sésame.

7. Renouvelez l'opération avec l'autre feuille de nori et le reste des ingrédients.

8. Coupez délicatement les rouleaux en 6 morceaux, en humidifiant la lame du couteau entre chaque découpe.

CALIFORNIA MAKIS
AU SAUMON, CONCOMBRE ET CACAHUÈTES

Pour 12 california makis
Préparation : 25 min
Cuisson (le riz) : 20 min

120 g de riz à sushis cru
4 cuillerées à soupe de vinaigre de riz
2 cuillerées à soupe de sucre semoule
1 cuillerée à café de sel
80 g de saumon
1 morceau de concombre de 10 cm
1 cuillerée à soupe de cacahuètes concassées
1 feuille d'algue nori

1. Préparez le riz selon la technique expliquée page 16. Laissez totalement refroidir à température ambiante.

2. Coupez le saumon et le concombre en bâtonnets.

3. Coupez la feuille de nori en deux.

4. Enveloppez la natte en bambou dans du film alimentaire. Déposez dessus une demi-feuille de nori. Couvrez-la de riz en tassant avec les mains humides. Saupoudrez de cacahuètes concassées.

5. Sans toucher à la natte, retournez l'ensemble sur la natte (la feuille de nori se trouve alors sur le dessus). Déposez au centre la moitié des bâtonnets de saumon et de concombre. Enroulez en serrant bien à l'aide de la natte (voir pages 20-21).

6. Renouvelez l'opération avec l'autre demi-feuille de nori et le reste des ingrédients.

7. Coupez délicatement les rouleaux en 6 morceaux, en humidifiant la lame du couteau entre chaque découpe.

CALIFORNIA MAKIS
BŒUF HACHÉ-POIVRON ROUGE

Pour 12 california makis
Préparation : 25 min
Cuisson (le riz) : 20 min

120 g de riz à sushis cru
4 cuillerées à soupe de vinaigre de riz
2 cuillerées à soupe de sucre semoule
1 cuillerée à café de sel
¼ de poivron rouge
100 g de bœuf haché
1 cuillerée à soupe de sauce soja
1 tronçon de concombre de 10 cm
1 cuillerée à soupe de graines de sésame au wasabi
1 feuille d'algue nori

1. Préparez le riz selon la technique expliquée page 16. Laissez totalement refroidir à température ambiante.

2. Coupez la feuille de nori en deux.

3. Faites revenir le bœuf dans une poêle avec la sauce soja. Coupez le concombre en deux, retirez les graines et coupez la chair en fins bâtonnets. Faites griller le poivron 15 minutes au four. Retirez la peau et coupez-le en fins bâtonnets.

4. Enveloppez la natte en bambou dans du film alimentaire. Déposez dessus une demi-feuille de nori. Couvrez-la de riz en tassant avec les mains humides. Saupoudrez de graines de sésame.

5. Sans toucher à la natte, retournez l'ensemble sur la natte (la feuille de nori se trouve alors sur le dessus). Déposez au centre la moitié des bâtonnets de concombre et de poivron et la moitié du bœuf. Enroulez en serrant bien à l'aide de la natte (voir pages 20-21).

6. Renouvelez l'opération avec l'autre demi-feuille de nori et le reste des ingrédients. Coupez délicatement les rouleaux en 6 morceaux, en humidifiant la lame du couteau entre chaque découpe.

CALIFORNIA MAKIS
VÉGÉTARIENS

Pour 12 california makis
Préparation : 25 min
Cuisson (le riz) : 20 min

140 g de riz à sushis cru
4 cuillerées à soupe de vinaigre de riz
2 cuillerées à soupe de sucre semoule
1 cuillerée à café de sel
3 cuillerées à soupe de pétales de bleuet
½ avocat
½ poivron rouge
1 bâtonnet de concombre de 20 cm de long
1 feuille d'algue nori

1. Préparez le riz selon la technique expliquée page 16. Mélangez-le avec les pétales de bleuet. Laissez totalement refroidir à température ambiante.

2. Coupez la feuille de nori en deux.

3. Coupez l'avocat et le poivron en lanières.

4. Enveloppez la natte en bambou dans du film alimentaire. Déposez dessus une demi-feuille de nori. Couvrez-la avec la moitié du riz en tassant avec les mains humides.

5. Sans toucher à la natte, retournez l'ensemble sur la natte (la feuille de nori se trouve alors sur le dessus). Déposez au centre la moitié des légumes. Enroulez en serrant bien à l'aide de la natte (voir pages 20-21).

6. Renouvelez l'opération avec l'autre demi-feuille de nori et le reste des ingrédients.

7. Coupez délicatement les rouleaux en 6 morceaux, en humidifiant la lame du couteau entre chaque découpe.

CALIFORNIA MAKIS
À LA CREVETTE, MANGUE ET OIGNONS GRILLÉS

Pour 12 california makis
Préparation : 25 min
Cuisson (le riz) : 20 min

120 g de riz à sushis cru
4 cuillerées à soupe de vinaigre de riz
2 cuillerées à soupe de sucre semoule
1 cuillerée à café de sel
6 grosses crevettes cuites décortiquées
¼ de mangue
1 cuillerée à soupe d'oignons grillés
1 feuille d'algue nori

1. Préparez le riz selon la technique expliquée page 16. Laissez totalement refroidir à température ambiante.

2. Coupez la feuille de nori en deux.

3. Coupez la mangue en bâtonnets. Coupez les crevettes en deux.

4. Enveloppez la natte en bambou dans du film alimentaire. Déposez dessus une demi-feuille de nori. Couvrez-la de riz en tassant avec les mains humides. Saupoudrez d'oignons grillés.

5. Sans toucher à la natte, retournez l'ensemble sur la natte (la feuille de nori se trouve alors sur le dessus). Déposez au centre la moitié des bâtonnets de mangue et des crevettes. Enroulez en serrant bien à l'aide de la natte (voir pages 20-21).

6. Renouvelez l'opération avec l'autre demi-feuille de nori et le reste des ingrédients.

7. Coupez délicatement les rouleaux en 6 morceaux, en humidifiant la lame du couteau entre chaque découpe.

CALIFORNIA MAKIS
AU SAUMON, MANGUE ET THÉ VERT

Pour 12 california makis
Préparation : 25 min
Cuisson (le riz) : 20 min

120 g de riz à sushis cru
4 cuillerées à soupe de vinaigre de riz
2 cuillerées à soupe de sucre semoule
1 cuillerée à café de sel
½ cuillerée à café de thé vert matcha
100 g de saumon
¼ de mangue
1 cuillerée à soupe de graines de sésame
1 feuille d'algue nori

1. Préparez le riz selon la technique expliquée page 16 en ajoutant le thé vert dans l'eau de cuisson. Laissez totalement refroidir à température ambiante.

2. Coupez la feuille de nori en deux.

3. Coupez le saumon et la mangue en bâtonnets.

4. Enveloppez la natte en bambou dans du film alimentaire. Déposez dessus une demi-feuille de nori. Couvrez-la de riz en tassant avec les mains humides. Saupoudrez de graines de sésame.

5. Sans toucher à la natte, retournez l'ensemble sur la natte (la feuille de nori se trouve alors sur le dessus). Déposez au centre la moitié des bâtonnets de saumon et de mangue. Enroulez en serrant bien à l'aide de la natte (voir pages 20-21).

6. Renouvelez l'opération avec l'autre demi-feuille de nori et le reste des ingrédients.

7. Coupez délicatement les rouleaux en 6 morceaux, en humidifiant la lame du couteau entre chaque découpe.

CALIFORNIA MAKIS
AU KAKI, SAUMON ET NOISETTES

Pour 12 california makis
Préparation : 25 min
Cuisson (le riz) : 20 min

120 g de riz à sushi cru
4 cuillerées à soupe de vinaigre de riz
2 cuillerées à soupe de sucre semoule
1 cuillerée à café de sel
80 g de saumon
½ kaki
1 cuillerée à soupe de noisettes concassées
2 feuilles d'algue nori

1. Préparez le riz selon la technique expliquée page 16. Laissez refroidir totalement à température ambiante.

2. Pelez le kaki et coupez-le en bâtonnets. Coupez le saumon en bâtonnets.

3. Enveloppez la natte de film alimentaire.

4. Plongez 1 feuille de riz dans de l'eau chaude et laissez-la se réhydrater sur la natte durant 1 minute. Saupoudrez-la ensuite de noisettes concassées. Couvrez-la de riz dans la largeur, jusqu'aux deux tiers.

5. Placez au centre la moitié des bâtonnets de saumon et de kaki. Enroulez en serrant bien à l'aide de la natte (voir pages 20-21).

6. Renouvelez l'opération avec l'autre feuille de riz et le reste des ingrédients.

7. Coupez délicatement les rouleaux en 6 morceaux, en humidifiant la lame du couteau entre chaque découpe.

CALIFORNIA MAKIS
AUX POIVRONS GRILLÉS, TOMATES SÉCHÉES ET TAPENADE

Pour 12 california makis
Préparation : 25 min
Cuisson (le riz) : 20 min

120 g de riz à sushis cru
4 cuillerées à soupe de vinaigre de riz
2 cuillerées à soupe de sucre semoule
1 cuillerée à café de sel
3 cuillerées à soupe de tapenade d'olives noires
10 quartiers de tomates séchées
1 gros poivron rouge
1 cuillerée à soupe de graines de sésame
1 feuille d'algue nori

1. Préparez le riz selon la technique expliquée page 16. Laissez totalement refroidir à température ambiante.

2. Faites cuire le poivron 15 minutes dans le four préchauffé à 200 °C (th. 6-7). Sortez-le du four et enveloppez-le dans du papier d'aluminium. Laissez tiédir. Pelez-le puis coupez-le en quatre, ôtez les graines et les parties fibreuses. Détaillez-le en lanières. Coupez la feuille de nori en deux.

3. Enveloppez la natte en bambou dans du film alimentaire. Déposez dessus une demi-feuille de nori. Couvrez-la de riz en tassant avec les mains humides.

4. Sans toucher à la natte, retournez l'ensemble sur la natte (la feuille de nori se trouve alors sur le dessus). Déposez au centre une rangée de tomates séchées et de tapenade. Enroulez en serrant bien à l'aide de la natte (voir pages 20-21). Renouvelez l'opération avec l'autre demi-feuille de nori et le reste des ingrédients.

5. Coupez délicatement les rouleaux en 6 morceaux puis décorez d'une lanière de poivron grillé et de graines de sésame.

CALIFORNIA MAKIS
AU CRABE

Pour 12 california makis
Préparation : 25 min
Cuisson (le riz) : 20 min

140 g de riz à sushis cru
4 cuillerées à soupe de vinaigre de riz
2 cuillerées à soupe de sucre semoule
1 cuillerée à café de sel
120 g de pattes de crabe (en bâtonnets)
1 cuillerée à soupe de graines de pavot
1 feuille d'algue nori

1. Préparez le riz selon la technique expliquée page 16. Laissez totalement refroidir à température ambiante.

2. Coupez la feuille de nori en deux.

3. Enveloppez la natte en bambou dans du film alimentaire. Déposez dessus une demi-feuille de nori. Couvrez-la avec la moitié du riz en tassant avec les mains humides.

4. Sans toucher à la natte, retournez l'ensemble sur la natte (la feuille de nori se trouve alors sur le dessus). Déposez au centre la moitié du crabe. Enroulez en serrant bien à l'aide de la natte (voir pages 20-21). Renouvelez l'opération avec l'autre demi-feuille de nori et le reste des ingrédients.

5. Passez ces rouleaux dans les graines de pavot.

6. Coupez délicatement les rouleaux en 6 morceaux, en humidifiant la lame du couteau entre chaque découpe.

CALIFORNIA MAKIS
AU POIVRON, TRUITE ET POIS GOURMANDS

Pour 12 california makis
Préparation : 25 min
Cuisson (le riz) : 20 min,
(les pois gourmands) : 8 min

140 g de riz à sushis cru
4 cuillerées à soupe de vinaigre de riz
2 cuillerées à soupe de sucre semoule
1 cuillerée à café de sel
40 g de poivron jaune
6 cosses de pois gourmands (50 g environ)
80 g de truite
1 feuille d'algue nori
1 cuillerée à soupe de sésame au wasabi
Sel

1. Préparez le riz selon la technique expliquée page 16. Laissez totalement refroidir à température ambiante.

2. Ôtez les fils des pois gourmands. Plongez-les dans un grand volume d'eau bouillante salée durant 8 minutes. Égouttez-les et rafraîchissez-les. Coupez-les en deux. Détaillez le poivron en bâtonnets. Coupez la truite en bâtonnets. Coupez la feuille de nori en deux.

3. Enveloppez la natte en bambou dans du film alimentaire. Déposez dessus une demi-feuille de nori. Couvrez-la de riz en tassant.

4. Sans toucher à la natte, retournez l'ensemble sur la natte (la feuille de nori se trouve alors sur le dessus). Déposez au centre la moitié des bâtonnets de truite et de poivron ainsi que des pois gourmands. Enroulez en serrant bien à l'aide de la natte (voir pages 20-21). Renouvelez l'opération avec l'autre demi-feuille de nori et le reste des ingrédients. Passez ces rouleaux dans les graines de sésame.

5. Coupez délicatement les rouleaux en 6 morceaux, en humidifiant la lame du couteau entre chaque découpe.

CALIFORNIA MAKIS
AVOCAT-POUTARGUE

Pour 12 california makis
Préparation : 25 min
Cuisson (le riz) : 20 min

120 g de riz à sushis cru
4 cuillerées à soupe de vinaigre de riz
2 cuillerées à soupe de sucre semoule
1 cuillerée à café de sel
½ avocat
3 cuillerées à soupe de poutargue râpée
1 feuille de nori

1. Préparez le riz selon la technique expliquée page 16. Laissez totalement refroidir à température ambiante.

2. Coupez l'avocat en bâtonnets.
Coupez la feuille de nori en deux.

3. Enveloppez la natte en bambou dans du film alimentaire. Déposez dessus une demi-feuille de nori. Couvrez-la de riz en tassant avec les mains humides.

4. Sans toucher à la natte, retournez l'ensemble sur la natte (la feuille de nori se trouve alors sur le dessus). Déposez au centre des bâtonnets d'avocat. Enroulez en serrant bien à l'aide de la natte (voir pages 20-21).

5. Renouvelez l'opération avec l'autre demi-feuille de nori et le reste des ingrédients.

6. Passez ces rouleaux dans la poutargue râpée.

7. Coupez délicatement les rouleaux en 6 morceaux, en humidifiant la lame du couteau entre chaque découpe.

CALIFORNIA MAKIS
AU SURIMI, AVOCAT, CAROTTE ET LAITUE

Pour 12 california makis
Préparation : 25 min
Cuisson (le riz) : 20 min

120 g de riz à sushis cru
4 cuillerées à soupe de vinaigre de riz
2 cuillerées à soupe de sucre semoule
1 cuillerée à café de sel
3 bâtonnets de surimi
1 petite carotte
3 feuilles de laitue
½ avocat bien mûr
1 feuille d'algue nori
1 cuillerée à soupe de graines de sésame au wasabi

1. Préparez le riz selon la technique expliquée page 16. Laissez totalement refroidir à température ambiante.

2. Coupez les bâtonnets de surimi en deux, dans le sens de la longueur. Pelez et coupez la carotte en fins bâtonnets. Lavez la laitue et émincez-la. Coupez la feuille de nori en deux.

3. Enveloppez la natte en bambou dans du film alimentaire. Déposez dessus une demi-feuille de nori. Couvrez-la de riz en tassant avec les mains humides.

4. Sans toucher à la natte, retournez l'ensemble sur la natte (la feuille de nori se trouve alors sur le dessus). Déposez au centre la moitié du surimi, de la carotte et de la laitue. Enroulez le maki sur lui-même à l'aide de la natte (voir pages 20-21). Renouvelez l'opération avec l'autre demi-feuille de nori et le reste des ingrédients.

5. Coupez délicatement les rouleaux en 6 morceaux, en humidifiant la lame du couteau entre chaque découpe. Décorez d'une lanière d'avocat et de graines de sésame au wasabi.

CALIFORNIA MAKIS
AUX RADIS, CORNICHONS ET SAUMON

Pour 12 california makis
Préparation : 25 min
Cuisson (le riz) : 20 min

120 g de riz à sushis cru
4 cuillerées à soupe de vinaigre de riz
2 cuillerées à soupe de sucre semoule
1 cuillerée à café de sel
1 feuille d'algue nori
8 à 10 radis roses
8 à 10 rondelles de radis noir
8 à 10 cornichons
2 belles tranches de saumon fumé
2 cuillerées à soupe d'œufs de saumon

1. Préparez le riz selon la technique expliquée page 16. Laissez totalement refroidir à température ambiante.

2. Lavez et équeutez les radis roses. Coupez-les en deux. Coupez les rondelles de radis noir en bâtonnets. Coupez les cornichons en deux. Coupez la feuille de nori en deux.

3. Enveloppez la natte en bambou dans du film alimentaire. Déposez dessus une demi-feuille de nori. Couvrez-la de riz en tassant avec les mains humides.

4. Sans toucher à la natte, retournez l'ensemble sur la natte (la feuille de nori se trouve alors sur le dessus). Déposez au centre une rangée de radis noir et rose et de cornichon. Enroulez le maki sur lui-même à l'aide de la natte (voir pages 20-21). Renouvelez l'opération avec l'autre demi-feuille de nori et le reste des ingrédients.

5. Coupez délicatement les rouleaux en 6 morceaux, en humidifiant la lame du couteau entre chaque découpe. Décorez d'une lanière de saumon fumé et d'œufs de saumon.

SPRING ROLLS CHIRASHIS TEMAKIS

SPRING ROLLS
CREVETTES-ASPERGES

Pour 12 spring rolls
Préparation : 25 min
Cuisson (le riz) : 20 min
Les asperges : 8 min

120 g de riz à sushis cru
4 cuillerées à soupe de vinaigre de riz
2 cuillerées à soupe de sucre semoule
1 cuillerée à café de sel
2 asperges
6 grosses crevettes cuites
2 feuilles de riz
20 brins de ciboulette
Sel

1. Préparez le riz selon la technique expliquée page 16. Laissez totalement refroidir à température ambiante.

2. Plongez les asperges 8 minutes dans de l'eau bouillante salée, puis refroidissez-les dans de l'eau glacée.

3. Faites de petites entailles sur la face ventrale des crevettes de façon à pouvoir les aplatir.

4. Enveloppez la natte de film alimentaire. Plongez 1 feuille de riz dans de l'eau chaude et laissez-la se réhydrater sur la natte durant 3 minutes.

5. Disposez des brins de ciboulette sur toute la largeur de la feuille, puis répartissez la moitié du riz jusqu'aux deux tiers. Placez 3 crevettes et 1 asperge au centre. Façonnez les rouleaux en vous aidant de la natte de bambou (voir pages 20-21).

6. Renouvelez l'opération avec l'autre feuille de riz et le reste des ingrédients.

7. Coupez délicatement les rouleaux en 6 morceaux, en humidifiant la lame du couteau entre chaque découpe.

SPRING ROLLS
THON CUIT-AVOCAT

Pour 12 spring rolls
Préparation : 25 min
Cuisson (le riz) : 20 min

120 g de riz à sushis cru
4 cuillerées à soupe de vinaigre de riz
2 cuillerées à soupe de sucre semoule
1 cuillerée à café de sel
50 g de thon cuit
½ avocat
½ cuillerée à café de graines de pavot
2 feuilles de riz

1. Préparez le riz selon la technique expliquée page 16. Laissez totalement refroidir à température ambiante.

2. Émiettez le thon. Coupez l'avocat en lamelles.

3. Enveloppez la natte de film alimentaire. Plongez 1 feuille de riz dans de l'eau chaude et laissez-la se réhydrater sur la natte durant 1 minute.

4. Saupoudrez de graines de pavot et répartissez la moitié du riz dans la largeur, jusqu'aux deux tiers.

5. Placez dessus la moitié de l'avocat et du thon. Façonnez les rouleaux en vous aidant de la natte de bambou (voir pages 20-21).

6. Renouvelez l'opération avec l'autre feuille de riz et le reste des ingrédients.

7. Coupez délicatement les rouleaux en 6 morceaux, en humidifiant la lame du couteau entre chaque découpe.

SPRING ROLLS AUX CREVETTES,
PAMPLEMOUSSE ET ANETH

Pour 12 spring rolls
Préparation : 25 min
Cuisson (le riz) : 20 min

120 g de riz à sushis cru
4 cuillerées à soupe de vinaigre de riz
2 cuillerées à soupe de sucre semoule
1 cuillerée à café de sel
6 quartiers de pamplemousse
6 à 8 grosses crevettes
Quelques brins d'aneth
2 feuilles de riz

1. Préparez le riz selon la technique expliquée page 16. Laissez totalement refroidir à température ambiante.

2. Si les crevettes sont trop grosses, coupez-les en deux.

3. Enveloppez la natte de film alimentaire. Plongez une feuille de riz dans de l'eau chaude et laissez-la se réhydrater sur la natte durant 1 minute.

4. Déposez quelques brins d'aneth sur la feuille et répartissez la moitié du riz dans la largeur, jusqu'aux deux tiers.

5. Placez dessus la moitié des crevettes et du pamplemousse. Façonnez les rouleaux en vous aidant de la natte de bambou (voir pages 20-21).

6. Renouvelez l'opération avec l'autre feuille de riz et le reste des ingrédients.

7. Coupez délicatement les rouleaux en 6 morceaux, en humidifiant la lame du couteau entre chaque découpe.

SPRING ROLLS
AVOCAT-FROMAGE FRAIS

Pour 12 spring rolls
Préparation : 25 min
Cuisson (le riz) : 20 min

120 g de riz à sushis cru
4 cuillerées à soupe de vinaigre de riz
2 cuillerées à soupe de sucre semoule
1 cuillerée à café de sel
½ avocat
30 g de fromage frais
½ cuillerée à café de graines de sésame noir
2 feuilles de riz

1. Préparez le riz selon la technique expliquée page 16. Laissez-le totalement refroidir à température ambiante.

2. Coupez l'avocat en lamelles.

3. Enveloppez la natte de film alimentaire. Plongez 1 feuille de riz dans de l'eau chaude et laissez-la se réhydrater sur la natte durant 1 minute.

4. Saupoudrez de graines de sésame. Couvrez de riz dans la largeur, jusqu'aux deux tiers.

5. Placez dessus la moitié des lamelles d'avocat et du fromage frais. Façonnez les rouleaux en vous aidant de la natte de bambou (voir pages 20-21). Renouvelez l'opération avec l'autre feuille de riz et le reste des ingrédients.

6. Coupez délicatement les rouleaux en 6 morceaux, en humidifiant la lame du couteau entre chaque découpe.

SPRING ROLLS À L'AVOCAT,
TOMATE ET SÉSAME

Pour 12 spring rolls
Préparation : 25 min
Cuisson (le riz) : 20 min

120 g de riz à sushis cru
4 cuillerées à soupe de vinaigre de riz
2 cuillerées à soupe de sucre semoule
1 cuillerée à café de sel
1 cuillerée à soupe de concentré de tomates
½ avocat
1 cuillerée à café de graines de sésame au wasabi
2 feuilles de riz

1. Préparez le riz selon la technique expliquée page 16 en ajoutant le concentré de tomates dans l'eau de cuisson. Laissez-le refroidir totalement à température ambiante.

2. Coupez l'avocat en lamelles.

3. Enveloppez la natte de film alimentaire. Plongez 1 feuille de riz dans de l'eau chaude et laissez-la se réhydrater sur la natte durant 1 minute.

4. Saupoudrez de graines de sésame. Couvrez de riz dans la largeur, jusqu'aux deux tiers de la feuille.

5. Placez dessus la moitié des lamelles d'avocats. Façonnez les rouleaux en vous aidant de la natte de bambou (voir pages 20-21).

6. Renouvelez l'opération avec l'autre feuille de riz et le reste des ingrédients.

7. Coupez délicatement les rouleaux en 6 morceaux, en humidifiant la lame du couteau entre chaque découpe.

SPRING ROLLS
SARDINE-ORANGE

Pour 12 spring rolls
Préparation : 25 min
Cuisson (le riz) : 20 min

120 g de riz à sushis cru
4 cuillerées à soupe de vinaigre de riz
2 cuillerées à soupe de sucre semoule
1 cuillerée à café de sel
1 petite boîte de filets de sardines
6 quartiers d'orange
2 feuilles de riz

1. Préparez le riz selon la technique expliquée page 16. Laissez-le refroidir totalement à température ambiante.

2. Enveloppez la natte de film alimentaire. Plongez 1 feuille de riz dans de l'eau chaude et laissez-la se réhydrater sur la natte durant 1 minute.

3. Répartissez la moitié du riz dans la largeur, jusqu'aux deux tiers de la feuille.

4. Placez dessus la moitié des quartiers d'orange et des filets de sardine. Façonnez les rouleaux en vous aidant de la natte de bambou (voir pages 20-21).

5. Renouvelez l'opération avec l'autre feuille de riz et le reste des ingrédients.

6. Coupez délicatement les rouleaux en 6 morceaux, en humidifiant la lame du couteau entre chaque découpe.

SPRING ROLLS AU CRABE,
AVOCAT ET MENTHE

Pour 12 spring rolls
Préparation : 20 min
Cuisson (le riz) : 20 min

120 g de riz à sushis cru
4 cuillerées à soupe de vinaigre de riz
2 cuillerées à soupe de sucre semoule
1 cuillerée à café de sel
½ avocat
6 à 8 feuilles de menthe
100 g de chair de crabe égouttée
Le zeste de 1 citron vert haché
2 feuilles de riz

1. Préparez le riz selon la technique expliquée page 16. Laissez totalement refroidir à température ambiante.

2. Coupez l'avocat en bâtonnets.

3. Enveloppez la natte de film alimentaire. Plongez 1 feuille de riz dans de l'eau chaude et laissez-la se réhydrater sur la natte durant 3 minutes.

4. Disposez la moitié de la menthe sur la feuille, puis répartissez la moitié du riz jusqu'aux deux tiers de la feuille.

5. Placez dessus la moitié de la chair de crabe et le zeste du citron vert. Façonnez les rouleaux en vous aidant de la natte de bambou (voir pages 20-21). Renouvelez l'opération avec l'autre feuille de riz et le reste des ingrédients.

6. Coupez délicatement les rouleaux en 6 morceaux, en humidifiant la lame du couteau entre chaque découpe.

SPRING ROLLS
BANANE-COCO

Pour 20 spring rolls
Préparation : 25 min
Cuisson : 30 min

200 g de riz à sushis cru
40 cl de lait de coco
1 banane
4 feuilles de riz
150 g de sucre semoule

1. Placez le riz, le lait de coco et 20 cl d'eau dans une casserole. Portez le mélange à ébullition puis couvrez et laissez mijoter à feu moyen pendant 15 minutes, en remuant régulièrement pour que le riz n'accroche pas.

2. Ôtez le couvercle, ajoutez le sucre et laissez cuire 5 minutes à feu doux. Laissez entièrement refroidir.

3. Coupez la banane en 4 bâtonnets dans la longueur.

4. Enveloppez la natte de film alimentaire.

5. Trempez 1 feuille de riz 30 secondes dans de l'eau chaude puis déposez-la sur la natte en bambou.Couvrez-en les deux tiers environ avec ¼ du riz et tassez légèrement avec le dos d'une cuillère. Déposez 1 bâtonnet de banane.

6. Enroulez en serrant bien à l'aide de la natte en bambou. Renouvelez l'opération avec les autres feuilles de riz et le reste des ingrédients.

7. Coupez les rouleaux en 6 morceaux, en humidifiant la lame du couteau entre chaque découpe.

SPRING ROLLS
FRAISE, MANGUE ET COCO

Pour 12 spring rolls
Préparation : 20 min
Cuisson : 20 min

120 g de riz à sushis cru
2 galettes de riz de 28 cm de diamètre
20 cl de lait de coco
5 cl d'eau
75 g de sucre semoule
¼ de mangue
1 petite barquette de fraises

1. Mélangez le riz avec le lait et l'eau dans une casserole en inox. Portez le mélange à ébullition puis couvrez et laissez mijoter à feu moyen pendant 15 minutes, en remuant régulièrement pour que le riz n'accroche pas.

2. Ôtez le couvercle, ajoutez le sucre et laissez cuire 5 minutes à feu doux. Laissez entièrement refroidir à température ambiante.

3. Coupez la mangue et les fraises en bâtonnets.

4. Humidifiez un torchon propre et déposez dessus 1 galette de riz brièvement trempée dans de l'eau chaude. Recouvrez de riz sur la moitié de la surface. Déposez au centre des bâtonnets de mangue et de fraise.

5. Rabattez les côtés de la galette sur le riz et enroulez-la en maintenant bien serré.

6. Renouvelez l'opération avec l'autre galette de riz et le reste des ingrédients.

7. Coupez délicatement les rouleaux en 6 morceaux, en humidifiant la lame du couteau entre chaque découpe. Servez avec un coulis de mangue.

SPRING ROLLS
KAKI-CHOCOLAT

Pour 12 spring rolls
Préparation : 20 min
Cuisson (le riz) : 20 min

120 g de riz à sushis cru
2 galettes de riz de 28 cm de diamètre
2 cuillerées à soupe de sucre semoule
1 cuillerée à soupe de vinaigre de riz
½ kaki bien mûr
2 carrés de chocolat râpé

1. Préparez le riz selon la technique expliquée page 16, en n'utilisant pour l'assaisonnement du riz que 1 cuillerée à soupe de vinaigre de riz et pas de sel. Laissez totalement refroidir à température ambiante.

2. Pelez et coupez le kaki en fins bâtonnets.

3. Humidifiez un torchon propre et déposez dessus 1 galette de riz brièvement trempée dans de l'eau chaude. Parsemez de chocolat râpé et recouvrez de riz sur la moitié de la surface. Déposez au centre la moitié des bâtonnets de kaki.

4. Rabattez les côtés de la galette sur le riz et enroulez-la en maintenant bien serré.

5. Renouvelez l'opération avec l'autre galette de riz et le reste des ingrédients.

6. Coupez délicatement les rouleaux en 6 morceaux, en humidifiant la lame du couteau entre chaque découpe. Servez avec un coulis de mangue.

SPRING ROLLS
FRAMBOISES-NOISETTES

Pour 12 spring rolls
Préparation : 20 min
Cuisson (le riz) : 20 min

120 g de riz à sushis cru
2 galettes de riz de 28 cm de diamètre
2 cuillerées à soupe de sucre semoule
1 cuillerée à soupe de vinaigre de riz
1 petite barquette de framboises
1 poignée de noisettes concassées

1. Préparez le riz selon la technique expliquée page 16, en n'utilisant pour l'assaisonnement du riz que 1 cuillerée à soupe de vinaigre de riz et pas de sel. Laissez totalement refroidir à température ambiante.

2. Concassez les noisettes avec un grand couteau.

3. Humidifiez un torchon propre et déposez dessus 1 galette de riz brièvement trempée dans de l'eau chaude. Parsemez de noisettes concassées et recouvrez de riz sur la moitié de la surface. Déposez au centre une rangée de framboises.

4. Rabattez les côtés de la galette sur le riz et enroulez-la en maintenant bien serré.

5. Renouvelez l'opération avec l'autre galette et le reste des ingrédients.

6. Coupez délicatement les rouleaux en 6 morceaux, en humidifiant la lame du couteau entre chaque découpe. Servez avec un coulis de fruits rouges.

CHIRASHI
ANANAS ET SAINT-JACQUES

Pour 2 personnes • Préparation : 10 min • Sans cuisson

180 g de riz à sushis cuit (voir p. 16) • 70 g d'ananas • 2 noix de Saint-Jacques • Graines de sésame • 2 c. à café d'huile de sésame • Sel • Poivre

1. Coupez l'ananas en petits dés. Ajoutez l'huile de sésame et salez légèrement.

2. Déposez le riz dans les bols. Ajoutez par-dessus le tartare d'ananas.

3. Coupez les noix de Saint-Jacques en fines lamelles. Posez-les sur l'ananas et poivrez.

4. Saupoudrez de graines de sésame. Servez avec de la sauce soja et du wasabi.

ASTUCE

Pour couper plus facilement les noix de Saint-Jacques en lamelles, placez-les au préalable 1 heure au congélateur.

CHIRASHI
OMELETTE-CHOU ROUGE

Pour 2 personnes • Préparation : 15 min • Cuisson : 5 min

180 g de riz à sushis cuit (voir p. 16) • 2 œufs • 70 g de chou rouge émincé • 1 pincée de graines de sésame blond • 1 c. à soupe d'huile de sésame • 1 c. à soupe de vinaigre de riz • Sel

1. Fouettez les œufs dans un bol. Dans une poêle, faites-les cuire en une fine omelette. Coupez-la en triangles ou en bâtonnets.

2. Mélangez le chou avec l'huile de sésame, le vinaigre de riz et les graines de sésame. Salez légèrement.

3. Dans 2 bols, répartissez le riz. Ajoutez un peu de salade de chou et des morceaux d'omelette.

4. Servez avec de la sauce soja et du wasabi.

CHIRASHI
TRUITE MARINÉE-AVOCAT

Pour 2 personnes • Préparation : 10 min • Sans Cuisson

180 g de riz à sushis cuit (voir p. 16) • 70 g de truite • 1 avocat • 2 c. à café d'huile de sésame • 1 c. à soupe de jus de citron • Quelques feuilles de coriandre ciselées • 1 c. à café d'œufs de saumon

1. Coupez la truite en petits dés.

2. Pelez l'avocat, retirez le noyau et coupez la chair en petits dés.

3. Mélangez la truite, l'avocat, l'huile de sésame et le jus de citron. Salez légèrement.

4. Répartissez le riz dans 2 bols. Ajoutez par-dessus le tartare de truite au saumon.

5. Parsemez de coriandre ciselée et de quelques œufs de saumon.

6. Servez avec de la sauce soja et du wasabi.

CHIRASHI
AU SAUMON MARINÉ

Pour 2 personnes • Préparation : 10 min • Sans cuisson • Marinade : 12 h

180 g de riz à sushis cuit (voir p. 16) • 200 g de filet de saumon frais • Le zeste râpé et le jus de 1 citron jaune • Le zeste râpé et le jus de 1 citron vert • Graines de sésame • 150 g de gros sel • 75 g de sucre semoule

1. Passez votre doigt le long du filet de saumon et ôtez les arêtes avec une pince à épiler. Retirez la peau.

2. Déposez-le dans un petit plat et recouvrez-le du mélange sel-sucre. Laissez-le mariner au réfrigérateur au moins 6 heures (une nuit de préférence).

3. Le jour même, rincez le saumon soigneusement à grande eau.

4. Ajoutez par-dessus les jus et les zestes de citron.

5. Laissez de nouveau mariner au réfrigérateur 5 à 6 heures, le temps que le poisson soit parfumé.

6. Coupez le saumon en fines lamelles.

7. Répartissez le riz dans 2 bols. Ajoutez une rosace de lamelles de saumon. Décorez de graines de sésame.

8. Servez avec de la sauce soja et du wasabi.

ONIGIRIS
AU SAUMON

Pour 8 onigiris • Préparation : 40 min • Cuisson (le riz) : 20 min

250 g de riz à sushis cru • 4 c. à soupe de vinaigre de riz • 2 c. à soupe de sucre semoule • 1 c. à café de sel • 1 petite boîte de saumon • 2 c. à soupe de graines de sésame grillées

1. Préparez le riz selon la technique expliquée page 16. Laissez totalement refroidir à température ambiante.

2. Émiettez le saumon.

3. Avec vos mains humidifiées, prélevez une boule de riz (environ 50 g) et compressez-la pour bien tasser les grains. Faites un creux au centre et déposez 1 cuillerée de saumon. Refermez la boule de riz tout autour puis aplatissez-la. Donnez-lui une forme de triangle.

4. Décorez de graines de sésame.

5. Renouvelez l'opération avec le reste des ingrédients.

ONIGIRIS
THON-CONCOMBRE

Pour 8 onigiris • Préparation : 20 min • Cuisson (le riz) : 20 min

250 g de riz à sushis cru • 4 cuillerées à soupe de vinaigre de riz • 2 cuillerées à soupe de sucre semoule • 1 cuillerée à café de sel • 1 petite boîte de thon • 1 morceau de concombre d'environ 6 cm • 1 cuillerée à soupe de sauce soja • 1 feuille d'algue nori

1. Préparez le riz selon la technique expliquée page 16. Laissez totalement refroidir à température ambiante.

2. Coupez le concombre en tout petits dés. émiettez le thon. Mélangez le tout avec la sauce soja.

3. Avec vos mains humidifiées, prélevez une boule de riz (environ 50 g) et compressez-la pour bien tasser les grains. Faites un creux au centre et déposez 1 cuillerée de garniture au thon. Refermez la boule de riz tout autour puis aplatissez-la. Donnez-lui une forme de triangle.

4. Décorez d'un rectangle de feuille de nori.

5. Renouvelez l'opération avec le reste des ingrédients.

ONIGIRIS
POULET-PETITS POIS

Pour 8 onigiris • Préparation : 20 min • Cuisson (le riz) : 20 min

250 g de riz à sushis cru • 4 c. à soupe de vinaigre de riz • 2 c. à soupe de sucre semoule • 1 c. à café de sel • ½ escalope de poulet cuite et coupée en tout petits dés • 80 g de petits pois cuits (frais ou surgelés selon la saison) • 1 feuille d'algue nori

1. Préparez le riz selon la technique expliquée page 16. Laissez totalement refroidir à température ambiante.

2. Placez le riz dans un saladier puis ajoutez les petits pois et le poulet. Mélangez délicatement.

3. Avec vos mains mouillées, prélevez une boule de riz (environ 50 g) et compressez-la pour bien tasser les grains.

4. Aplatissez la boule formée et donnez-lui une forme de triangle.

5. Décorez d'un rectangle de feuille de nori.

6. Renouvelez l'opération avec le reste des ingrédients.

ONIGIRIS
À L'ŒUF

Pour 8 onigiris • Préparation : 20 min • Cuisson (le riz) : 20 min

250 g de riz à sushis cru • 4 c. à soupe de vinaigre de riz • 2 c. à soupe de sucre semoule • 1 c. à café de sel • 1 œuf • 1 c. à café de sucre semoule • 1 feuille d'algue nori • 1 pincée de sel

1. Préparez le riz selon la technique expliquée page 16. Laissez totalement refroidir à température ambiante.

2. Dans un bol, fouettez l'œuf avec une fourchette. Incorporez le sucre et le sel. Faites cuire dans une petite poêle à la manière d'un œuf brouillé, de façon à obtenir des petits morceaux. Mélangez-les au riz vinaigré.

3. Avec vos mains mouillées, prélevez une boule de riz (environ 50 g) et compressez-la pour bien tasser les grains. Aplatissez la boule formée et donnez-lui une forme de triangle.

4. Décorez d'un rectangle de feuille de nori.

5. Renouvelez l'opération avec le reste des ingrédients.

ONIGIRIS
CHOU ROUGE-TOFU FUMÉ

Pour 5 onigiris • Préparation : 20 min • Cuisson (le riz) : 20 min

250 g de riz à sushis cru • 4 c. à soupe de vinaigre de riz • 2 c. à soupe de sucre semoule • 1 c. à café de sel • 30 g de chou rouge • 5 ou 6 dés de tofu fumé • 1 feuille d'algue nori • Sauce soja et wasabi pour servir

1. Émincez le chou rouge.

2. Préparez le riz selon la technique expliquée page 16 en ajoutant le chou rouge haché en même temps que le vinaigre. Laissez totalement refroidir à température ambiante.

3. Avec vos mains mouillées, prélevez une boule de riz (environ 50 g) et compressez-la pour bien tasser les grains. Faites un creux au centre et déposez 1 cuillerée de petits dés de tofu écrasés. Refermez la boule de riz tout autour, aplatissez-la et donnez-lui une forme de triangle.

4. Décorez d'un rectangle de feuille de nori.

5. Renouvelez l'opération avec le reste des ingrédients.

6. Servez avec de la sauce soja et du wasabi.

ONIGIRIS
PANDA

Pour 5 pandas • Préparation : 30 min • Cuisson (le riz) : 20 min

250 g de riz à sushis cru • 4 c. à soupe de vinaigre de riz • 2 c. à soupe de sucre semoule • 1 c. à café de sel • 1 œuf • 1 feuille d'algue nori • Sauce soja et wasabi pour servir

1. Préparez le riz selon la technique expliquée page 16. Laissez totalement refroidir à température ambiante.

2. Découpez les feuilles de nori pour former les pattes et le visage des pandas.

3. Avec vos mains mouillées, prélevez une boule de riz (environ 50 g) et compressez-la pour bien tasser les grains et lui donner une forme allongée.

4. Placez les pattes et le visage du panda.

5. Renouvelez l'opération avec le reste des ingrédients.

6. Servez avec de la sauce soja et du wasabi.

TEMAKIS
MAQUEREAU FUMÉ-AVOCAT

Pour 8 temakis
Préparation : 15 min
Cuisson (le riz) : 20 min

120 g de riz à sushis cru
4 cuillerées à soupe de vinaigre de riz
2 cuillerées à soupe de sucre semoule
1 cuillerée à café de sel
½ avocat
100 g de maquereau fumé
4 feuilles d'algue nori

1. Préparez le riz selon la technique expliquée page 16. Laissez totalement refroidir à température ambiante.

2. Coupez chaque feuille de nori en 2 rectangles.

3. Découpez le maquereau et l'avocat en bâtonnets.

4. Garnissez le coin d'une feuille d'algue avec un peu de riz et tassez légèrement.

5. Disposez la garniture en biais puis enroulez la feuille sur elle-même de façon à obtenir un cône.

6. Si besoin, fixez le coin de la feuille à l'aide d'un peu de riz écrasé.

7. Renouvelez l'opération avec les autres rectangles de nori et le reste des ingrédients.

TEMAKIS
DAURADE-ANANAS

Pour 8 temakis
Préparation : 15 min
Cuisson (le riz) : 20 min

120 g de riz à sushis cru
4 cuillerées à soupe de vinaigre de riz
2 cuillerées à soupe de sucre semoule
1 cuillerée à café de sel
80 g de daurade
100 g d'ananas
4 feuilles d'algue nori

1. Préparez le riz selon la technique expliquée page 16. Laissez totalement refroidir à température ambiante.

2. Coupez chaque feuille de nori en 2 rectangles.

3. Découpez la daurade en bâtonnets de 6 à 8 cm de long. Coupez également l'ananas en bâtonnets de 6 à 8 cm de long.

4. Garnissez le coin d'un rectangle d'algue avec un peu de riz et tassez légèrement.

5. Disposez la garniture en biais puis enroulez la feuille sur elle-même de façon à obtenir un cône. Si besoin, fixez le coin de la feuille à l'aide d'un peu de riz écrasé.

6. Renouvelez l'opération avec les autres rectangles de nori et le reste des ingrédients.

TEMAKIS
POIVRON-TOFU

Pour 6 temakis • Préparation : 30 min • Cuisson (le riz) : 20 min

120 g de riz à sushis cru • 4 c. à soupe de vinaigre de riz • 2 c. à soupe de sucre semoule • 1 c. à café de sel • 3 grandes feuilles d'algue nori • 120 g de tofu mariné à la japonaise • ½ poivron rouge • Quelques petits bouquets de mâche

1. Préparez le riz selon la technique expliquée page 16. Laissez totalement refroidir à température ambiante.

2. Découpez le tofu et le poivron en bâtonnets.

3. Coupez chaque feuille de nori en 2 rectangles.

4. Garnissez le coin d'un rectangle d'algue avec un peu de riz. Disposez quelques bâtonnets de poivron et tofu ainsi qu'un petit bouquet de mâche. Roulez la feuille sur elle-même de façon à obtenir un cône.

5. Renouvelez l'opération avec les autres rectangles de nori et le reste des ingrédients.

TEMAKIS OMELETTE-BETTERAVE

Pour 12 temakis • Préparation : 35 min • Cuisson (le riz) : 20 min, (l'omelette) : 2 min

220 g de riz à sushis cru • 4 c. à soupe de vinaigre de riz • 2 c. à soupe de sucre semoule • 1 c. à café de sel • 6 grandes feuilles d'algue nori • 4 œufs • 1 grosse betterave (200 g) • Quelques feuilles de coriandre • Graines de sésame • Sel

1. Préparez le riz selon la technique expliquée page 16. Laissez totalement refroidir à température ambiante.

2. Battez les œufs avec 1 pincée de sel. Dans une poêle, faites-les cuire en une fine omelette. Découpez-la en bâtonnets.

3. Coupez la betterave en bâtonnets. Coupez chaque feuille de nori en 2 rectangles.

4. Garnissez le coin d'un rectangle d'algue avec un peu de riz. Ajoutez quelques bâtonnets d'omelette et de betterave. Roulez la feuille sur elle-même de façon à obtenir un cône. Ajoutez de la coriandre ciselée et des graines de sésame.

5. Renouvelez l'opération avec les autres rectangles de nori et le reste des ingrédients.

TEMAKIS
RADIS, CONCOMBRE ET AVOCAT

Pour 8 temakis
Préparation : 30 min
Cuisson (le riz) : 20 min

150 g de riz à sushis cru
4 cuillerées à soupe de vinaigre de riz
2 cuillerées à soupe de sucre semoule
1 cuillerée à café de sel
4 grandes feuilles d'algue nori
1 avocat
½ concombre
8 radis
1 cuillerée à soupe de jus de citron
Graines de sésame
Sel

1. Préparez le riz selon la technique expliquée page 16. Laissez totalement refroidir à température ambiante.

2. Pelez l'avocat et retirez le noyau. Écrasez la chair à la fourchette puis ajoutez 1 pincée de sel et le jus de citron.

3. Coupez le concombre et les radis en bâtonnets.

4. Coupez chaque feuille de nori en 2 rectangles.

5. Garnissez le coin d'un rectangle d'algue avec un peu de riz puis disposez 1 cuillerée de purée d'avocat et quelques bâtonnets de concombre et radis. Roulez la feuille sur elle-même de façon à obtenir un cône. Saupoudrez de graines de sésame.

6. Renouvelez l'opération avec les autres rectangles de nori et le reste des ingrédients.

FUTOMAKIS
AU CANARD

Pour 8 futomakis
Préparation : 30 min
Cuisson (le riz) : 20 min,
(les aiguillette) : 2 à 4 min

100 g de riz à sushis cru
4 cuillerées à soupe de vinaigre de riz
2 cuillerées à soupe de sucre semoule
1 cuillerée à café de sel
½ carotte
½ poire
60 g d'aiguillettes de canard
1 œuf
1 bâton de concombre de 15 à 20 cm de long
1 feuille d'algue nori
Huile neutre
Sel, poivre

1. Préparez le riz selon la technique expliquée page 16. Laissez totalement refroidir à température ambiante.

2. Pelez la poire et la carotte. Découpez-les en fins et longs bâtonnets.

3. Salez et poivrez les aiguillettes de canard. Faites-les cuire dans une sauteuse avec 1 cuillerée à café d'huile, 2 à 4 minutes selon la cuisson souhaitée.

4. Battez l'œuf en omelette avec 1 pincée de sel et 1 cuillerée à soupe d'huile. Faites chauffer une sauteuse huilée de 20 cm de diamètre maximum. Versez l'œuf, baissez le feu et couvrez. Quand l'omelette semble à peine cuite sur le dessus (3 minutes environ), soulevez-la légèrement avec une spatule et enroulez-la sur elle-même de façon à obtenir un long rouleau épais. Laissez-la refroidir.

5. Déposez le riz sur la feuille de nori. Placez dessus la garniture et façonnez comme pour des makis traditionnels (voir pages 20-21), en serrant bien pour assurer la cohésion de l'ensemble.

6. Découpez en 8 tranches.

NORI ROLL
ARC-EN-CIEL

Pour 2 rouleaux • Préparation : 10 min sans Cuisson

100 g de feuilles de chou rouge • 1 carotte (60 g) • ¼ de poivron (50 g) • 1 tronçon de concombre (50 g) • 1 c. à soupe de mayonnaise ou autre sauce • 1 grande feuille d'algue nori

1. Pelez la carotte et coupez-la en bâtonnets.

2. Coupez le concombre et le poivron en bâtonnets.

3. Sur la feuille de nori, déposez les feuilles de chou rouge en laissant un bord libre de 1 cm sur le haut.

4. Disposez les bâtonnets de carotte, poivron et concombre. Ajoutez par-dessus la mayonnaise.

5. Mouillez légèrement la bande d'algue nori laissée libre. Puis roulez le rouleau sur lui-même en finissant par la bande d'algue nori humidifiée, qui va souder le rouleau.

6. Coupez le rouleau en deux.

NORI ROLL
CONCOMBRE, CAROTTE ET SOJA

Pour 2 rouleaux • Préparation : 15 min sans Cuisson

⅓ de concombre • 3 c. à soupe de carottes râpées • 2 c. à soupe de pousses de soja • 1 grande feuille d'algue nori • Pour la sauce : 1 c. à soupe de purée de noix de cajou • 1 c. à soupe d'eau chaude • 1 c. à café de jus de citron

1. Préparez la sauce cajou en mélangeant tous les ingrédients.

2. Coupez le concombre en fines rondelles.

3. Sur la feuille de nori, déposez des rondelles de concombre en laissant un bord libre de 1 cm sur le haut.

4. Ajoutez les carottes et les pousses de soja. Déposez par-dessus la sauce cajou.

5. Mouillez légèrement la bande d'algue nori laissée libre. Roulez le rouleau sur lui-même en finissant par la bande d'algue humidifiée, qui va souder le rouleau.

6. Coupez le rouleau en deux.

SUSHI CAKE
AVOCAT-SAUMON

Pour 6 personnes
Préparation : 30 min
Sans cuisson

450 g de riz à sushis cuit (voir p. 16)
280 g de filet de saumon
2 feuilles d'algue nori
1 ½ avocat
1 cuillerée à soupe de jus de citron
1 cuillerée à café d'œufs de saumon
Sauce soja et wasabi pour servir

1. Retirez la peau et les arêtes du saumon. Coupez la chair en petits dés.

2. Pelez l'avocat et coupez la chair en fines lamelles.

3. Dans chaque feuille de nori, découpez un cercle de 18 cm de diamètre.

4. Tapissez de film alimentaire le fond d'un moule de 18 cm. Déposez 1 cercle de nori puis la moitié du riz en tassant.

5. Répartissez la moitié du saumon et de l'avocat.

6. Déposez l'autre cercle de nori puis le restant de riz et de saumon. Terminez par une jolie rosace d'avocat. Versez un filet de jus de citron.

7. Démoulez délicatement le sushi cake sur le plat de service.

8. Décorez d'œufs de saumon. Servez avec de la sauce soja et du wasabi.

SUSHI CAKE
CAROTTE, HARICOTS VERTS, AVOCAT

Pour 6 personnes
Préparation : 30 min
Cuisson : 8 min

500 g de riz à sushis cuit (voir p. 16)
2 feuilles d'algue nori
150 g de haricots verts
1 ½ avocat
1 cuillerée à soupe de jus de citron
150 g de carottes râpées
1 cuillerée à soupe de vinaigre de riz
1 cuillerée à soupe d'huile
Sel
Sauce soja et wasabi pour servir

1. Faites cuire les haricots verts 8 minutes dans une grande casserole d'eau bouillante.

2. Assaisonnez les carottes avec l'huile et le vinaigre. Salez légèrement.

3. Pelez et coupez l'avocat en dés. Ajoutez le jus de citron. Salez légèrement.

4. Dans chaque feuille de nori, découpez un cercle de 18 cm de diamètre.

5. Tapissez de film alimentaire le fond d'un moule de 18 cm. Déposez 1 cercle de nori puis la moitié du riz en tassant.

6. Répartissez les haricots verts, les carottes puis les dés d'avocat. Ajoutez le restant du riz.

7. Déposez l'autre cercle de nori.

8. Pour démouler le sushi cake, retournez-le sur le plat de service et retirez le film plastique. Décorez avec quelques rondelles de carotte.

9. Servez avec de la sauce soja et du wasabi.

SUSHI CAKE INDIVIDUEL
TOFU CARAMÉLISÉ-CAROTTE

Pour 2 personnes
Préparation : 20 min
Cuisson : 5 min

200 g de riz à sushis cuit (voir p. 16)
100 g de tofu
15 g de sucre semoule
2 cuillerées à café de bouillon de légumes en poudre
40 g de carottes râpées
1 cuillerée à soupe d'huile neutre
1 cuillerée à soupe de sauce soja
½ cuillerée à café de gingembre frais râpé
1 cuillerée à café de graines de sésame

1. Dans une petite casserole faites chauffer le sucre avec 1 cuillerée à soupe d'eau pour obtenir un caramel.

2. Coupez le tofu en cubes. Faites-les revenir avec l'huile dans une poêle, puis ajoutez le caramel.

3. Mélangez le bouillon en poudre avec 3 cl d'eau. Ajoutez la sauce soja et le gingembre râpé.

4. Lorsque le tofu commence à brunir, ajoutez le bouillon pour déglacer. Laissez réduire en mélangeant régulièrement.

5. Posez deux cercles inox sur deux assiettes et huilez les bords. Garnissez-les avec un peu de riz puis ajoutez une couche de carottes râpées et une couche de tofu. Terminez avec une couche de riz.

6. Saupoudrez de graines de sésame et servez.

YAKITORIS

YAKITORIS DE BOULETTES DE POULET

Pour 4 personnes • Préparation : 20 min • Cuisson : 8 min

400 g de chair de poulet • 6 cl de sauce soja • 30 g de sucre roux • 1 gousse d'ail • 1 c. à soupe de coriandre ciselée • 1 gros œuf • 6 cl de vinaigre de riz • Huile pour la cuisson à la poêle • Sauce soja sucrée pour le service

1. Coupez la chair de poulet en cubes. Hachez-les au robot.

2. Dans un saladier, mélangez la viande avec le vinaigre, la sauce soja, le sucre, la gousse d'ail pelée et dégermée, la coriandre et l'œuf.

3. Formez des boulettes de la taille d'une noix. Enfilez-les sur des piques en bois.

4. Faites cuire les brochettes 8 minutes sur le gril ou dans une poêle avec un filet d'huile.

5. Servez avec de la sauce soja sucrée.

ASTUCE

Pour obtenir des boulettes bien moelleuses, préférez la chair de poulet dans la cuisse plutôt que dans le filet.

YAKITORIS
DE BOULETTES DE BŒUF

Pour 4 personnes • Préparation : 15 min • Cuisson : 10 min

350 g de bœuf haché • 1 c. à café de gingembre frais haché • 2 c. à soupe de sauce soja • 1 blanc d'œuf • Huile pour la cuisson à la poêle • Pour la sauce : 3 c. à soupe de sauce soja sucrée • 1 c. à soupe de vinaigre de riz • 1 c. à soupe de sucre roux

1. Dans un saladier, mélangez la viande avec le gingembre, la sauce soja et le blanc d'œuf.

2. Formez des boulettes de la taille d'une noix. Enfilez-les sur des piques en bois.

3. Faites cuire les brochettes 10 minutes sur le gril ou dans une poêle avec un filet d'huile.

4. Préparez la sauce en mélangeant les ingrédients dans un bol. Servez avec les brochettes.

YAKITORIS
D'AIGUILLETTES DE POULET

Pour 4 personnes • Préparation : 10 min • Cuisson : 5 min • Marinade : 1 h

300 g d'aiguillettes de poulet • 5 cl de vinaigre de riz • 5 cl de sauce soja • 1 c. à soupe de mirin (facultatif) • 20 g de sucre roux • Sauce soja sucrée pour le service

1. Dans un saladier, mélangez le vinaigre de riz, la sauce soja, le mirin et le sucre.

2. Ajoutez les aiguillettes de poulet et mélangez bien. Laissez mariner au moins 1 heure au réfrigérateur.

3. Enfilez les aiguillettes sur des piques en bois.

4. Faites-les cuire 5 minutes sur le gril ou dans une poêle avec un filet d'huile en les arrosant de marinade.

5. Servez avec de la sauce soja sucrée.

YAKITORIS
DE POULET PANÉ

Pour 4 personnes • Préparation : 20 min • Cuisson : 8 min

300 g d'aiguillettes de poulet • 1 œuf • 40 g de farine • 1 assiette de panko (chapelure japonaise) • Huile pour la cuisson à la poêle • Sel, poivre

1. Dans une assiette creuse, fouettez l'œuf avec une fourchette. Salez et poivrez.

2. Farinez les aiguillettes de poulet et enfilez-les sur des piques en bois.

3. Trempez-les dans l'œuf puis dans la chapelure.

4. Faites cuire les brochettes 8 minutes sur le gril ou dans une poêle avec un filet d'huile.

ASTUCE

À défaut de chapelure japonaise, la chapelure classique, plus fine, convient tout à fait.

YAKITORIS
DE CANARD, SAUCE TERIYAKI

Pour 4 personnes • Préparation : 10 min • Cuisson : 5 min • Marinade : 1 h

300 g d'aiguillettes de canard • 2 c. à soupe de vinaigre de riz • 4 c. à soupe de sauce soja sucrée • 1 c. à soupe de mirin (facultatif) • 1 c. à soupe de graines de sésame • Huile pour la cuisson à la poêle • Sauce soja sucrée pour le service

1. Dans un saladier, mélangez le vinaigre de riz, la sauce soja et le mirin.

2. Ajoutez les aiguillettes de canard et mélangez bien. Laissez mariner au moins 1 heure au réfrigérateur.

3. Enfilez les aiguillettes sur des piques en bois. Saupoudrez-les de graines de sésame.

4. Faites-les cuire 5 minutes sur le gril ou dans une poêle avec un filet d'huile en les arrosant de marinade.

5. Servez avec de la sauce soja sucrée.

YAKITORIS
DE SAUMON

Pour 4 personnes • Préparation : 10 min • Cuisson : 5 min • Marinade : 1 h

2 pavés de saumon (300 g) • 3 c. à soupe de sauce nuoc-mâm • 4 c. à soupe de sauce soja • 1 c. à soupe de mirin • 3 c. à café de sucre roux • Le jus de ½ citron vert

1. Retirez la peau et les arêtes des pavés de saumon.

2. Émincez-les en cubes de taille moyenne.

3. Dans un saladier, mélangez les cubes de saumon avec le reste des ingrédients. Laissez mariner au moins 1 heure au réfrigérateur.

4. Enfilez les cubes de saumon sur des piques en bois. Faites cuire les brochettes 5 minutes sur le gril ou dans une poêle, en les arrosant de marinade.

YAKITORIS
DE SAINT-JACQUES

Pour 4 brochettes • Préparation : 10 min • Cuisson : 4 min • Marinade : 1 h

12 noix de Saint-Jacques • 4 c. à soupe de sauce soja • 2 c. à soupe de saké • 2 c. à soupe de sucre roux • Huile d'olive

1. Dans un saladier, mélangez les noix de Saint-Jacques avec la sauce soja, le saké et le sucre. Laissez mariner 1 heure au frais.

2. Enfilez les noix de Saint-Jacques sur des piques en bois.

3. Faites-les cuire 1 à 2 minutes de chaque côté, dans une poêle bien chaude, avec un filet d'huile d'olive.

YAKITORIS
DE THON AU MISO

Pour 4 personnes • Préparation : 10 min • Cuisson : 5 min • Marinade : 30 min

500 g de thon blanc • Pour la marinade : • 2 c. à soupe de pâte de miso • 2 c. à soupe de saké (ou vinaigre de riz) • 1 c. à café de gingembre frais râpé • 1 c. à soupe de jus de citron • 2 c. à soupe d'huile

1. Préchauffez le four à 180 °C (th. 6).

2. Coupez le thon en cubes.

3. Dans un saladier, mélangez les ingrédients de la marinade. Ajoutez les cubes de thon et laissez mariner 30 minutes.

4. Enfilez les cubes de thon sur 4 piques en bois. Déposez les brochettes sur une plaque.

5. Faites-les cuire au four 5 minutes.

YAKITORIS
DE TOFU AU SÉSAME

Pour 4 personnes
Préparation : 20 min
Cuisson : 8 min
Marinade : 2 h

400 g de tofu ferme
5 cuillerées à soupe de sauce soja
1 cuillerée à café de sucre roux
1 cm de gingembre frais râpé
2 œufs
1 petit bol de graines de sésame
Huile pour la cuisson à la poêle
Sel, poivre

1. Coupez le tofu en dés. Mélangez-les avec la sauce soja, le sucre et le gingembre dans un saladier. Laissez mariner 2 heures au réfrigérateur, en remuant de temps en temps.

2. Dans une assiette creuse, fouettez les œufs avec une fourchette. Salez et poivrez.

3. Trempez les dés de tofu dans les œufs battus puis dans les graines de sésame.

4. Enfilez les cubes de tofu sur des piques en bois.

5. Faites cuire les brochettes 8 minutes sur le gril ou dans une poêle avec un filet d'huile.

6. Égouttez-les sur un papier absorbant avant de les déguster.

INDEX DES RECETTES

N

O

R

S

ÉQUIVALENCES

MESURES LIQUIDES

Système métrique	Système américain	Autre nom
5 ml	1 cuillère à thé (cuillère à café française)	
15 ml	1 cuillère à table (cuillère à soupe française)	
35 ml	1/8 cup (tasse française)	1 oz (ou once)
65 ml	1/4 cup ou 1/4 grand verre	2 oz
125 ml	1/2 cup ou 1/2 grand verre	4 oz
250 ml	1 cup ou 1 grand verre	8 oz
500 ml	2 cups ou 1 pinte	
1 litre	4 cups ou 2 pintes	

MESURES SOLIDES

Système métrique	Système américain	Autre nom
30 g	1/16 lbs	1 oz
55 g	1/8 lbs	2 oz
115 g	1/4 lbs	4 oz
170 g	3/8 lbs	6 oz
225 g	1/2 lbs	8 oz
454 g	1 livre	16 oz

CHALEUR DU FOUR

Chaleur	° Celsius	Thermostat	° Fahrenheit
Très doux	70 °C	Th. 2-3	150 °F
Doux	100 °C	Th. 3-4	200 °F
	120 °C	Th. 4	250 °F
Moyen	150 °C	Th. 5	300 °F
	180 °C	Th. 6	350 °F
Chaud	200 °C	Th. 6-7	400 °F
	230 °C	Th. 7-8	450 °F
Très chaud	260 °C	Th. 8-9	500 °F

Toutes les recettes de ce livre sont extraites de *Sushis* publié aux éditions Mango sauf pour les pages 26, 52, 53, 92, 94, 96, 148, 149, 150, 151, 156, 162, 163, 164, 168, 169, 170, 172, et 174.

Photo de couverture : Delphine Lebrun
Stylisme de couverture : Sophie Dumont

Direction : Guillaume Pô
Direction éditoriale : Tatiana Delesalle
Édition : Élise Marcantoni assistée d'Emma Lombois
Direction artistique : Sylvaine Beck
Création graphique : Ambrine Angaud
Mise en pages : Patrick Leleux PAO
Direction de fabrication : Thierry Dubus
Suivi de fabrication : Florence Bellot
1re édition - N° d'édition : M21141
ISBN : 9782317027307
Code MDS : MN27307

FSC www.fsc.org MIXTE Papier issu de sources responsables FSC® C020353

Ce livre s'inscrit dans une démarche écoresponsable. Il est imprimé sur du papier FSC® issu de forêts gérées durablement. Cette certification garantit une empreinte carbone réduite et une gestion raisonnée de la forêt, qui maintient la biodiversité et protège les écosystèmes. Il est imprimé avec des encres végétales, c'est-à-dire fabriquées uniquement à partir de matières premières renouvelables et sans huiles minérales. Il a été imaginé et conçu en France, et imprimé en Europe.

Achevé d'imprimer en août 2021
par Néografia en Slovaquie

Dépôt légal : avril 2021
www.mangoeditions.com

Retrouvez-nous sur Instagram :
@mangoeditions

DANS LA MÊME COLLECTION